独自性の発見

本書は2000年に刊行された『Differentiate or Die』(邦訳
『ユニーク・ポジショニング』ダイヤモンド社、2001
年)の増補改訂版(2008年)を翻訳したものです。

〝ユニーク・セリング・プロポジション〟

つまり競合他社にはない〝独自の売り〟の重要性を世に知らしめたロッサー・リーブスに。

リーブスは時代を先取りしていた。

あのころは、世界の競争がどれほど熾烈になるか、誰にも予想できなかったのに。

はじめに

思い出せないほど昔から、わたしはパートナーたちとの共著のなかで、独自性がいかに大切かを説き続けてきた。

●『ポジショニング戦略』（小社刊）では、見込み客の心のなかに独自のイメージをつくることを説いた。

●『マーケティング戦争』（翔泳社）では、差別化するアイデアを使って攻めたり守ったり、あるいは側面攻撃やゲリラ攻撃をしかけることを説いた。

●『売れるもマーケ、当たるもマーケ　マーケティング22の法則』（東急エージェンシー出版部）でも、差別化するアイデアを使ってブランドを確立することを説いた。

●『シンプルパワーの経営』（リック）では、一から十まで差別化にまつわる戦略を説いた。

わたしたちがこの三十年言い続けてきたことの中心には、つねに差別化による独自性の確立があった。

それなら、もう独自性が重要なことは世の中に浸透しているだろうと思われるかもしれない。みんなが独自性を念頭において計画をたて、独自性を意識せずに仕事にかかる者などいないのではないか、と。

ところが、そうではないのだ。

企業には二つのタイプがある。一つはいまだに独自性の大切さがわからず、「高品質」や「グッド・バリュー」、昔ながらの「より良い製品」を引っさげて闘っているところ。こういう会社は、競争相手より自分のほうが優れているのだから、いずれは真実が明らかになると思っている。

また、この手の会社のまわりには、「品質」や「エンパワーメント」、「顧客志向」、種々の「リーダーシップ」について説教する〝導師〟が存在する。ただし、残念ながら競争相手にも「良い会社なら勝てます」と同じ説教をする導師がいる。だから差はつかない。

もう一つのタイプは、独自性が必要だと知っている。だが、しばらくあれこれやってみたあと、どうすればいいかわからないと投げ出す。彼らの言い訳はこうだ。「うちの商品やセールスは、よそとたいして違わないんだよな」

こういう会社は、モチベーション・トレーナーが「最高の業績《ピーク・パフォーマンス》」や「勝利をもたらす姿勢」や

「効果的な習慣」を約束するのにだまされやすい。残念ながら競争相手のまわりにも同じような連中がいて、モチベーションを高めなさいと言っている。やっぱり差はつかない。

偉い学者先生も頼りにはならない。たとえばハーバード大学のマイケル・ポーターは、確かに独自のポジションの必要性については語るが、どうすれば独自性を出せるかについては助言してくれない。代わりに戦略的継続性とか戦略的ポジションの深化、トレードオフの最小化などについて語る。これでは差はつかない。

広告会社も似たようなものだ。結びつき《ボンディング》や好感度、ブレイクスルー、クールなどと口にする。広告会社にとって重要なのはアートで、科学的な姿勢ではない。それでは差はつかない。

だが本書はまったく違う。ちょっと見には差別化のように見えて、じつはそうではないさまざまなことに惑わされずに、真の独自性を実現する方法をいくつも伝授する。

この本の情報があれば、容赦ない競争の世界で、よそより良いポジションを確立して成功できる。

この本こそ、あなたのビジネスに違いをもたらす本になるだろう。

ジャック・トラウト

1章

「多様な選択肢」という不幸

昔は選択が問題になることはなかった。ご先祖さまが「夕食は何にしよう？」と考えたとき、答えは簡単だった。近所で追いかけて仕留めて持ち帰れる獲物、それしかなかったのだから。

夕食は肉？

現在ではスーパーマーケットに行くと、誰かが追いかけて仕留めて処理してパッケージしたさまざまなタイプ、さまざまなカットの肉がずらりと並んでいる。

いまや問題は獲物をつかまえることではない。パッケージされた何百種類もの肉のどれを買うかである。牛肉や羊肉などの赤身肉にする？　白身肉の鶏のほうがいい？　いや、大豆でできた肉もどきまであるぞ。それが決まったら次は肉の部位だ。ロースか、リブか、ももか、ランプか？

それとも魚？

魚を獲るにも、ご先祖さまなら棒の先を尖らせて、あとは幸運を願うだけだった。現在では専門店で、釣竿、リール、ルアー、果ては服から船まで取り揃えている。品揃えの豊富さにくらくらするほどだ。ミズーリ州スプリングフィールドには、散髪した髪の毛でルアーを作ってくれるショップまである。

棒を尖らせていたころに比べると、ずいぶん遠くまで来たものだ。

外食ならどこへ？

現代人の多くは、夕食は外で誰かに用意してもらうほうがいい、と考える。だがニューヨークのような場所では、どの店に行くかを決めるのも簡単ではない。

この難題を解決する手引きとして、一九七九年にニューヨークのレストラン・ガイドを出版したのがザガット夫妻だった。そしていま、三〇万人の利用者の評価をもとに、五四の都市のレストランやバー、ナイトクラブを格付けしたポケットサイズの「ザガット・サーベイ」シリーズは、ベストセラーだ。

増殖し続ける選択肢

この数十年、どの商品でも選択肢が驚くほど増えた。アメリカ全体では商品の品目が在庫管理単位（SKU）で一〇〇万あると言われる。そのうち平均的なスーパーには四万SKUあるが、家庭の買い物の八〇～八五パーセントが一五〇SKUにおさまる。店内の残る三万九八五〇のアイテムは無視されている計算だ。

一九五〇年代に自動車を買うとしたら、ゼネラル・モーターズ（GM）かフォード、クライスラー、アメリカン・モーターズのいずれかを選んだ。GM、フォード、クライスラーはいまもあるが、ほかにもアキュラ、アストンマーチン、アウディ、ベントレー、BMW、ホンダ、ヒュンダイ、インフィニティ、いすゞ、ジャガー、ジープ、キア、ランドローバー、レクサス、マセラッティ、マツダ、メルセデス、三菱、日産、ポルシェ、ロールスロイス、サーブ、サターン、スバル、スズキ、フォルクスワーゲン、ボルボがある。一九七〇年代はじめ、一四〇あった自動車のモデルが現在は三〇〇だ。

タイヤだって負けていない。以前はグッドイヤー、ファイアストン、ゼネラル、シアーズしかなかったが、いまではタイヤ・ラックという一軒の店だけで、グッドリッチ、ブリヂストン、コンチネンタル、ダンロップ、ファイアストン、フュージョン、ゼネラル、グッドイヤー、ハンコック、クムホ、ミシュラン、スミトモ、トーヨー、ユニロイヤル、ヨコハマと選択肢がある。

かつては地方の企業が国内市場を争っていたが、いまでは、あらゆるところのあらゆる企業がグローバル・マーケットを争っている。

医療を選ぶのも一苦労

ヘルスケアについて考えてみよう。以前なら関係するのは、かかりつけの医師や病院、医療保険会社数社、それにメディケアとメディケイドという公的医療保険制度くらいだった。それがいまでは、多数の保険会社があるだけでなく、負担額や保障内容の異なるプランがいくつもある。あまりにややこしいので、病院や医療保険組織の格付けをする雑誌も出ている。

またカリフォルニア州では、ヘルスケアに関する「成績表」まで公表している。二一〇万人の会員をもつパシフィケア・オブ・カリフォルニアが一〇〇以上の医療機関について、治療実績や会員の満足度、経営データなどに基づいた評価をウェブサイト上に載せているのだ。

選択肢があまりに多くて複雑なので、病気になる心配よりも、病気になったらどこへ行けばいいのかという心配のほうが大きいくらいだ。

「数百万通り」からステレオを選ぶ

ある人が地元の家電量販店に行ってみた。オーディオ・コーナーには、チューナーが七四、CDプレーヤーが五五、カセット・プレーヤーが三二、スピーカーが五〇セットあった。

しかもこれらは組み合わせ自由だから、数百万通りのステレオ・システムをつくれるわけだ。

先進国から新興国へと広がる

いまあげたのは、世界の市場でも選択肢がずば抜けて多いアメリカの事情である（この国は国民に金があり、その金をふんだくろうとがんばるマーケティング関係者がどこより多い）。

それでは中国のような新興国はどうか。何十年も国営企業がつくるノーブランドの食品を買っていた中国の消費者も、いまや買い物のたびに、ますます増える国内外のブランド品から選択できるようになった。中国もまた着々と「選択」という暴政に向かって進んでいる。

分裂の法則

選択肢を増やし続けているのは、『売れるもマーケ、当たるもマーケ　マーケティング22の法則』で説明した「分裂の法則」による。

マーケティング分野という海で、商品カテゴリーはシャーレで分裂するアメーバのようにひたすら増殖する。

カテゴリーは単体の商品から始まる。たとえばコンピュータは時間がたつとカテゴリーが分裂し、メインフレーム・コンピュータ、ミニコンピュータ、ワークステーション、パソコン、ノートパソコン、ミニノートパソコン、ペン・コンピュータへと増殖する。

自動車も最初は一つのカテゴリーで、三つのブランド（シボレー、フォード、プリムス）が市場を制していた。それから分裂し、いまでは高級車、中級車、大衆車、大型車、中型車、小型車、スポーツカー、四輪駆動車、RV、ミニバン、大型ステーションワゴンなどに分かれる。

テレビ局も以前は視聴者の九〇パーセントがABC、CBS、NBCのどれかを見ていたが、いまではネットワークがあり、独立局があり、ケーブルテレビ、衛星放送、公共テレビがあって、基本的な有線放送が見られる家庭なら何百ものチャンネルから選ぶことができる。「インターネット配信動画」を合わせれば五〇〇チャンネルの世界だ。何を見ようかとチャンネルを替えているあいだに、見たい番組は終わっているだろう。

このように「分裂」のプロセスは止められない。お疑いなら、次ページの表1・1をご覧いただきたい。

「アドバイス業」が花盛り

そこで、選択を手伝うことを専門とする商売が生まれた。すでに触れたザガットのレストラン・ガイドや医療機関の成績表はその一例だ。

いまや何をするにも、誰かがアドバイスしてくれる。たとえば八〇〇〇ある投資信託のどれを買うべきか。セントルイスの良い歯科医はどこか。MBAをとるなら数百あるビジネス・スクールのどこがいいか（どこを出ればウォール街に就職できるか）。

表1・1◉爆発的に増える選択肢

商品	1970年代はじめ	1990年代おわり
自動車モデル	140	260
ケンタッキーフライドチキンのメニュー	7	14
自動車の種類	654	1,212
フリトレーのスナック菓子	10	78
SUV	8	38
朝食用シリアル	160	3,400
パソコン・モデル	0	400
ソフトウェア	0	250,000
ソフトドリンクのブランド	20	87
ボトル入り飲料水のブランド	16	50
牛乳の種類	4	19
コルゲート歯磨き	2	17
雑誌	339	790
マウスウォッシュ	15	66
新刊本	40,530	77,446
デンタルフロス	12	64
コミュニティカレッジ	886	1,742
処方薬	6,131	7,563
アミューズメントパーク	362	1,174
市販の鎮痛剤	17	141
テレビ画面のサイズ	5	15
リーバイス・ジーンズの種類	41	70
ヒューストンのテレビチャンネル	5	185
ランニングシューズの種類	5	285
ラジオ局	7,038	12,458
女性用ストッキングの種類	5	90
マクドナルドの商品	13	43
コンタクトレンズのタイプ	1	36

インターネットにはありとあらゆるものを比較するサイトがあふれていて、どこにも最安値が載っている。

《コンシューマー・レポート》や《コンシューマー・ダイジェスト》などの雑誌は氾濫する商品を順番に取り上げてレポートしてくれる。問題はレポート内容が細かすぎて、読めば読むほど混乱してしまうことだ。

消費者心理の専門家によれば、選択肢の海でわたしたちは頭がおかしくなりかけている。キャロル・ムーグ博士は語る。「選択肢がありすぎて、おまけにすぐに何でも手に入れて楽しむことができるので、子どもたちは――おとなもですが――いつまでも幼児のままです。マーケティングの側から見れば、人々は関心を払うことをやめ、フォアグラ用のガチョウのように太って疲れており、意思決定能力を失っています。それで引きこもって過剰な刺激から身を守ろうとする。彼らはうんざりしているのです」

「よりどりみどり」は逆効果!?

ふつうなら選択の幅は広いほうがいいと思うだろう。だがムーグ博士が言っているように逆効果になることもある。選択肢が多すぎて、買う気がそがれるのだ。

従業員用の確定拠出型年金制度、401(k)についての調査がある。二〇〇一年に、六九の産業で六四七のファンドに加入している八〇万人を調べたものだ。

この調査でわかったのは、ファンドの選択肢が多くなると参加率は急減するという事実だった。選択肢が多すぎると混乱する。混乱すれば、「もう、けっこう」と言いたくなる。

スワースモア大学のバリー・シュワルツ社会学教授はこの選択の自由のパラドックスについて、『なぜ選ぶたびに後悔するのか』（武田ランダムハウスジャパン）という本を書いている。二〇〇六年の産業フォーラムで、教授はこう語った。

選択の自由に圧倒されて、人々は麻痺状態に陥っている。選択肢が多すぎると、人は意思決定を嫌がる。期待値があがるので、選択が間違っていたと自分を責める傾向が強くなる。二種類のジーンズしかなければ、そう期待しない。だが何百種類もあれば完璧を期待してしまうのだ。

失敗したら消えるのみ

バリー・シュワルツはパラドックスと呼んだが、この言葉は穏やかすぎるかもしれない。多すぎる選択肢は暴君だ。暴君とは絶対的な権力の持ち主で、しばしば残酷なほど容赦がない。

選択についても同じことがいえる。熾烈な競争のもと、市場は選択という力で動いている。消費者の前には優れた選択肢がいくらでもあるので、間違いを犯した企業は手ひどい目にあう。競争相手にビジネスを奪われ、簡単には取り戻せない。そこが理解できない企業は生き延びられな

表1・2◉2006年アメリカの自動車売り上げ台数

1	トヨタ・カムリ	448,445
2	トヨタ・カローラ／マトリックス	387,388
3	ホンダ・アコード	354,441
4	ホンダ・シビック	316,638
5	シボレー・インパラ	289,868
6	日産・アルティマ	232,457
7	シボレー・コバルト	211,449
8	フォード・フォーカス	177,006
9	フォード・トーラス	174,803
10	フォード・マスタング	166,530

いだろう（だから残酷なのだ）。

ブランドの墓場をちょっと見回してみればよくわかる。アメリカン・モーターズ、ブラニフ航空、バーガー・シェフ、イースタン航空、ゲインズバーガーズ、ギンベルズ・デパート、ハサウエイ・シャツ、ホーン・アンド・ハーダート、フィルコ、トランスワールド航空、ウールワース……。これは、消えてなくなった企業のほんの一端にすぎない。

「独自性」の時代

自社の独自性を無視して、万人向けになんでも提供しようとすると、たちまち同業他社との違いが薄れてしまう。シボレーを考えてみよう。一時は優れたファミリーカーの代名詞だったシボレーは、高級車やスポーツカー、小型車、トラックにまで手を広げたことで同業他社との違いが消え失せ、不振に陥った。

表1・2は二〇〇六年のアメリカの自動車売り上げ台数だ。シボレーはやっと五位に登場するが、これにはレンタカー用

の売り上げが大きく貢献している。

市場の変化を無視すると、企業の独自性の価値がなくなる。ディジタル・イクイップメント・コーポレーション（DEC）がいい例だ。かつてはアメリカ有数のミニコンピュータ製造業者だったが、デスクトップをオフィスの主流に押し上げたテクノロジーの変化を無視した結果、他社との違いに価値がなくなり、デスクトップ製造大手のコンパックに吸収されて消えた。

競争相手のせいで影が薄くなり、自社の独自性を確立できなければ、いつまでも弱小企業のままだ。ウェスティングハウスはずっとゼネラル・エレクトリック（GE）の風下に立ち続けていた。そしていまはもうない。あるいはグッドリッチを見てみよう。何年ものあいだ、同社が新しいホイールを開発しても、功績はすべてグッドイヤーにもっていかれた。競争相手と社名がまぎらわしいので、客の目からは区別がつかなかったのだ。いまグッドリッチは生命維持装置でかろうじて生きながらえている。

ビジネスの世界は容赦がない。

唖然とする未来像

この状況もいつかは落ち着くだろう、などと考えてはいけない。事態はますます厳しくなるはずだ。理由は単純で、選択肢がますます多くの選択肢を生むからだ。

ジェームズ・グリックは *Faster* という著書のなかで、まさに唖然とするような未来について

「すべてはひたすら加速する」と言った。そしてこんなシナリオを描いている。

選択肢の増殖は別のフィードバック・ループを生み出す――あらゆるところでそういうループが生まれる。情報が増えれば増えるほど、ますます多くのインターネット・ポータルサイトや検索エンジン、インフォボット〔訳注：インターネット上からデータを集めるプログラム〕が現われて、さらに多くの情報を浴びせてくる。電話回線が増えれば増えるほど、ますます多くの回線が必要になる。特許が増えれば増えるほど、特許専門の弁護士や特許検索サービスも増える。料理の本やネット上のレシピを見れば見るほど、もっと目新しい料理をお客に出さなければならないという気持ちにかられ、さらに多くのレシピが必要になる。物事が複雑になればなるほど選択肢が増え、選択肢はテクノロジーの発展を促し、テクノロジーはまたさらなる複雑さを生み出す。現代の効率的な流通業と製造業がなければ、通話料無料の電話や宅配システム、バーコード、スキャナー、そして何よりもコンピュータがなければ、選択肢はこれほど増殖しなかったはずだ。

さてみなさん、これからがいよいよ本番だ。

2章

「ありふれた商品」になる理由

分裂の法則でカテゴリーが拡大すると、皮肉なことが起こる。どの企業もブランド化に努めているにもかかわらず、商品はじわじわと、どれを取っても同じになるのだ。言いかえれば、うまく差別化できる商品はどんどん減っていく。消費者から見れば、そういう商品は、ただそこにあるだけの「場所とり商品」。何か独自な意味があるわけではない。

ほかとは違う「価値と意味」を

今日では服飾デザイナーからセレブまで、誰もがブランドになりたがるが、結局のところ商品もサービスも市場の、そして消費者の現実にぶつかる。消費者は聞く。「あなたは何を提供するのか？　ほかの商品とどう違うのか？　どう優れているのか？　なんらかの価値を提供して、わたしをいい気分にしてくれるのか？　ほかの商品とどう差別化しているのか？」

「同業他社との差別化に苦労する会社が増えているのは、秘密でもなんでもない。二〇世紀最後の二〇年間に、総合品質管理（TQC）やビジネスプロセス・リエンジニアリングがはやった結果、二一世紀まで生きながらえた会社はどこも似たようなものになった」。そう言うのは、顧客ロイヤルティ関連のリサーチ・コンサルタント会社ブランド・キーズの創設者、ロバート・パシコフだ。「何億ドルもの金を広告に費やすのだから、もちろん顧客はその会社の存在は知っている。だが問題は、同業他社との差別化ができているか、ということだ」

もちろん差別化は可能だ。商品やサービスに価値があり（ほんとうの価値か見かけの価値か、合理的な価値か感情的な価値かは別として）、ただ存在するだけでなく消費者の心にしっかりと場所を占めている場合だ。商品として優れているだけでなく、消費者の暮らしのなかでどれほどの価値と意味をもっているかが差別化の決め手になる。しかし、実際に差別化に成功した商品やサービスはどんどん減っている。

成功率は21パーセント

この事実を証明するために、ブランド・キーズは自社のカスタマー・ロイヤルティ・エンゲージメント・インデックス（顧客の忠誠度や愛着度を示す指標）を使って、七五のカテゴリーにわたる一八四七の商品とサービスを分析した。心理学的調査、要因回帰分析、因果経路分析をもとに、それらの商品とサービスに対する肯定的あるいは否定的な反応を予想して、差別化の度合い

図２・１◉差別化の程度、あるいは消費者にとっての意味

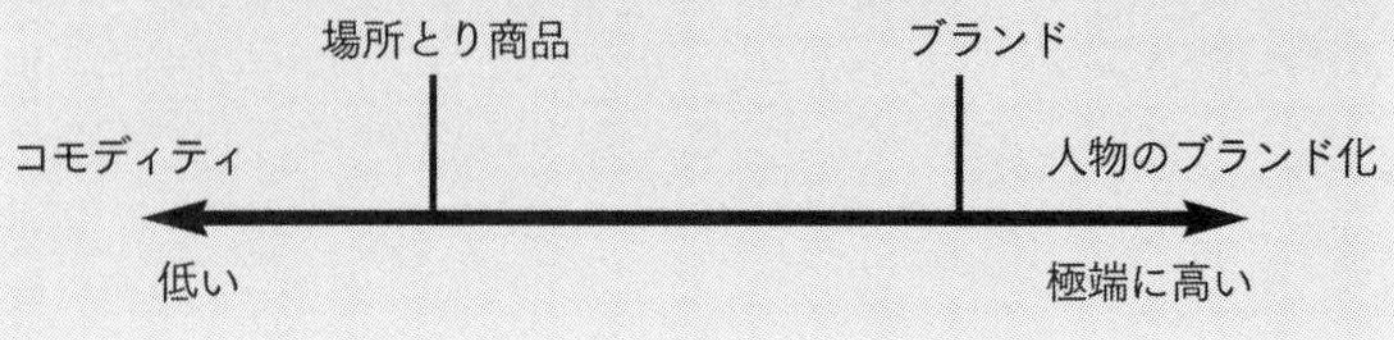

を線上の位置によって示したのだ（図２・１）。この線は左から右に向かって無差別化（低差別化）から極端な差別化へと進む。

ブランド・キーズの調査によれば、調査対象になった商品とサービスのうち、消費者にとって意味のある差別化ができているのは平均して二一パーセントにすぎなかった。基準となった二〇〇三年の調査に比べると一〇パーセント近く低下している。

図の左端は、価格の違いしかないコモディティ（均一的な商品）だ。

その右は「場所とり商品」。カテゴリー内では存在感があるが、独自の意味を欠いているので、消費者のなかではライバルとの差別化ができていない。ＧＭやギャップを考えるといい。

さらにその右が差別化に成功した二一世紀のブランドで、同業他社との明確な違いを打ち出している商品やサービス。トヨタやアップルがこれにあたる。

最後は究極のブランド、つまり「人物のブランド化」で、多くは創業者が会社の差別化を一〇〇パーセント代表している。最高レベルの差別化だが、生身の人間の危うさで、マスコミの餌食になりやすい。大衆がその人物を見る目が変化すればブランド価値も急変して地に堕ち、収益

も急落する可能性がある。マーサ・スチュワートやドナルド・トランプがいい例だろう。

石鹼は満点、銀行は0点

差別化の度合いはカテゴリーによって違う。たとえば石鹼のブランドは一〇〇パーセント差別化されている。クレジットカードも五〇パーセントは消費者の心にはっきりと特徴づけられている。だが銀行やモーターオイルなど二〇ほどのカテゴリー（分析対象の三分の一近く）では、差別化されたブランドがまったくない。製品やサービスは知られているが、それぞれの特色が印象づけられてはいないのだ。

次ページの表2・1は、七五のカテゴリーの差別化の程度を示している。パーセンテージ欄の数字は、消費者から見て実際に差別化されているブランドの割合だ。いまのビジネス環境がどれほど厄介か、よくわかるだろう。

自動車を例にとって説明しよう。差別化の割合は三八パーセント。これはトヨタ（信頼性）、BMW（運転性能）、ボルボ（安全性）、メルセデス（高級車）、フェラーリ（スピード）というふうに、かなりのブランドが差別化されていると同時に、GMやフォードなど、違いがあまり感じられない「場所とり商品」も多くあることを意味している。

次に、差別化の割合がゼロの銀行部門を見てみよう。どうしてこんなことになるのか。大銀行はどこでも何百万ドルも使って、自分たちがどんなに優れているかを宣伝しているのに——。答

表2・1◉カテゴリー別の差別化の割合

カテゴリー	差別化(%)
航空会社	29
アレルギー薬（市販薬）	0
アレルギー薬（処方薬）	0
アスレティック・シューズ	29
自動車	38
ベビーケア用品	20
銀行	0
ビール（ライト）	25
ビール（レギュラー）	29
ボトル入り飲料水	13
ケーブルサービス・プロバイダー	0
自動車保険会社	40
レンタカー会社	57
カジュアル・レストラン	20
携帯電話	25
朝食用シリアル	37
タバコ	29
チューインガム	20
衣料品カタログ	0
コーヒーとドーナツ	33
缶コーヒー	0
コンピュータ	9
化粧品	14
クレジットカード	50
クルーズ船	20
紙おむつ	0
デジタルカメラ	0
ドッグフード	20
ＤＶＤプレーヤー	0
エネルギー・プロバイダー	13
夜のニュース番組	50
ファッション・ブランド	20
女性用衛生用品	0
ガソリン	14
ＨＤＴＶ	8
ホテル	22
アイスクリーム	50
保険会社	0

カテゴリー	差別化(%)
インターネット・サービス・プロバイダー	0
洗濯用洗剤	11
長距離電話サービス	0
雑誌	37
メジャーリーグ・スポーツ	75
朝のニュース番組	50
モーターオイル	0
オートバイ	20
MP3／デジタル音楽プレーヤー	20
投資ファンド	0
オフィス用コピー機	0
書籍、音楽のオンラインストア	25
オンライン証券会社	17
オンライン旅行会社	25
市販鎮痛剤	29
ペーパータオル	0
宅配会社	50
ポテトチップス	25
ピザ	4
プリンター	0
ファストフード店	30
小売店（アパレル）	50
小売店（ディスカウント）	40
小売店（デパート）	0
小売店（電化製品）	0
小売店（オフィス用品）	0
小売店（ホームセンター）	0
衛星ラジオ	0
サーチエンジン	9
スキンケア	60
石鹸	100
ソフトドリンク（ダイエット）	0
ソフトドリンク（レギュラー）	20
トイレットペーパー	80
歯磨き	33
携帯電話サービス会社	20
腕時計	38

えは明らかだ。大規模合併の影響は恐ろしい。何度も合併を繰り返した結果、どこがどんな銀行なのかわからなくなってしまったのだ。心理学者が言うとおり、過去があいまいで将来に確信がもてるわけがない。銀行業界はぐちゃぐちゃだ。差別化ゼロ・パーセントは当然だろう。

コモディティ化が進む三つの原因

では、なぜ全般的にコモディティ化が進行するのか？　マーケティング担当者がブランド力を構築するよりも希薄化する方向で動いているからだ。

第一に、販促プログラムに頼りすぎている。販売部門や大手小売業者にせっつかれてパニックになった製造業者は、ブランド構築に金をかけるよりも、クーポンや無料プレゼントなど流通業者が喜ぶ割引戦術に走る。バイヤーを重視すればするほど、ブランド力からは遠ざかる。

第二に、マーケティング担当者は広告会社の困った本能を抑えることができない。広告会社は宣伝する商品が競争相手の商品とどう違い、どう優れているかに重点を置くのではなく、わたしたちが「二つの呪い」と呼ぶものに振り回されている。一つは「チャンネル変更の呪い」。CMが始まるとチャンネルを替えられるのが怖くて、奇をてらった画面や演出で視聴者を引きつけようとする。もう一つは「クリオ賞の呪い」。広告会社は受賞を狙っておもしろくて気の利いた広告を制作しようと必死になる。これでは、あるブランドが他とどう違うのかをわかりやすく消費者に伝える役には立たない。有名な調査会社コペルニクスは、ゴールデンタイムに放送された三四〇のＣＭを調べて、ブランドの差別化に役立つメッセージ（ポジショニングを明確にするメッセージ）はたった七パーセントしかなかった、と述べている。

第三に、経営コンサルタントは山ほどいるが、この問題に正しく切り込む者はめったにいない。マーケティングの戦場である顧客の心を充分に理解していないからだ。皮肉なことに、経営コンサルティングの父ピーター・ドラッカーは正しく理解していた。

マーケティング担当者にも責任はあるが、結局のところ、率先してブランド力の低下に歯止めをかけなくてはいけないのはＣＥＯである。トップが大きな声を上げ、ブランドを際立たせて差別化しなければ、あとは価格競争しかない。当然、競争相手も価格を下げるから、ブランド力がなければ利益は減少する。

ブランド・キーズの調査が教えているのは、違いはますますあいまいになっていて、危険な傾向にあるということだ。これからのマーケティング担当者は、現実の市場で、自社の製品やサービスはどこが違うのかを正しく示す力をもたなくてはならない。そうでないと、「とりあえずあるだけの商品」になってしまう。そこからコモディティ化までの距離はほんのわずかだ。

いま求められているのはＵＳＰ、つまり、「独自の売り」である。

3章

いまこそ「USP」を！

販売力については右に出る者がいないと言われた、かの広告人ロッサー・リーブスが、一九六一年に著した『USP』（小社刊）は、二八カ国語に翻訳され、多くの大学で教科書として使われた。さまざまな意味で、現代のマーケティングの草分けだった。

このなかでリーブスは〝ユニーク・セリング・プロポジション〟、略してUSPという考え方を紹介している。

USPとは何か

リーブスは三つの項目をあげてUSPを定義した。

①広告はすべて、消費者に何かを提案する必要がある。ただ言葉を並べたり、商品をべた褒

めしたり、ショーウィンドウのように見せるだけではいけない。広告を見る人に、「この商品を買ったら、こういう利益がありますよ」と知らせること。

②その提案は、競争相手は出さないか、あるいは出せないものでなくてはならない。ブランドがユニークであるか、主張が目新しいか、いずれにせよ独自性のある提案でなくてはいけない。

③その提案にはおおぜいの消費者の気持ちを動かす（つまり新しい消費者を引き寄せる）力がなくてはいけない。

リーブスは続けて、いまの広告は「聞き古した褒め言葉ばかり」だと述べている。ほんとうのメッセージが伝わってこない、現実がわかっていないコピーライターが宣伝文句を書いている、と。

そんなのは昔の話で、彼の考えはとっくに広告業界に浸透しているはずだ、と思われるかもしれない。

ところが、そうではない。

「詩人」か「殺し屋」か

驚いたことに、いまだにマディソン・アベニューでは議論が続いている。先に紹介した、リーブスの著書『USP』が出てから三七年後、《アドバタイジング・エイジ》誌はトップにこんな記事を載せた。

「詩人vs殺し屋」。芸術を強調するか売り上げにこだわるかという広告業界永遠の議論はますます激化している。なにしろ、そこには大金がかかっているからだ。

このあとのページでは、芸術的で感動的な作品を目指すクリエイターたちと、現実的で合理的な広告を望む販売担当者たちとのバトルを紹介している。

一方のグループは顧客ときずなを結びたいと願い、もう一方は顧客に売り込みたいと願う。しかしそろそろ議論をやめて、広告業界の現実ではなく市場の現実と向き合うべきではないか。

いまこそ独自性を追求すべきとき

他と同じではいけないとリーブスが言ったころ、世界はのんびりしていた。グローバルな競争などというものはなかった。それどころか、いまから考えればほんとうの競争すらほとんどなかった。

独自性がなくてはいけない、他と同じではいけないという考え方は、一九六〇年代よりもいまのほうがずっと重要性を増している。

露骨に売り込むべきかどうかという議論が沸騰しているあいだに、気がつけば「新しい世界秩序」が現実化していた。いまでは多くの国のGNPよりも売り上げの大きい企業がたくさんある。グローバル企業のトップ五〇〇社が世界の貿易の七〇パーセントを占めている時代だ。いたるところで合併買収が行なわれ、富めるものはますます豊かに、大きくなっていく。競争は激化しただけでなく、さらに厳しく、さらに巧妙になった。

新たな競争でしばしば役に立つのは、購買行動を決めるのは顧客の分類や所得だけではないという事実だ。肝心なのは、消費者が目の前の選択肢にどれほど不満をもっているか、なのである。

本題から目をそらすな

ブランディングに関する本はたくさんあるが、差別化について語っているものはごく少なく、あっても、せいぜいブランディングは重要ですよ、と指摘するくらいだ。

世界有数の大手広告会社ヤング・アンド・ルビカムは、「ブランドの科学」と呼ぶシステムを作った。同社は「何よりもまず差別化、違いが大事だ」という。違いがブランドを決定し、同業他社すべてと自社を区別する。違いによってブランドが生まれ、違いがなくなるとブランドは死ぬ、と。そのとおりだ。

しかし、そのあと本題に切り込むのではなく、話はいつのまにか関連性とか評価とか知識とかブランドのパワーグリッドなどという方向へいってしまう。

わたしたちはそんなことはしない。差別化、違いこそがブランドの生死を分けるのなら、それについてもっと深く考えてみるべきではないか（リーブスもきっと賛成してくれるはずだ）。

消費者はいつでも迷っている

人が何かを選ぶときには、意識的にせよ無意識にせよ、必ず「違い」を根拠に選んでいる。心理学者は、商品に鮮烈な違いが結びついていれば、理性で納得するので記憶に焼きつくと言う。つまり商品を宣伝するときには、どうしてそれを選ぶのかを消費者にわからせなくてはいけない。そのうえで楽しくおもしろい宣伝なら言うことはない。

だが残念ながら広告業界の人間の多くは、見込み客に「独自の売り」を提案しない。売り込みなんてクールじゃない、売り込もうとしない企業のほうが消費者に好感をもたれる、と考えているのだ。だいたい商品にはたいした違いがないじゃないか、と。彼らが理解していないのは、売り込みに好意的かどうかは別として、消費者はあふれるほどの選択肢を前に、何を買えばいいのかわからなくて困っているということだ。たくさん並んだ商品は意思決定の「素材」でしかない。問題はそこから何を「選びとる」かだ。

買い手には四つのタイプがある

心理学者たちは、人が問題を解決する方法について研究してきたが、最終的には四つの機能がかかわるという――直観、思考、感情、感覚だ。人はこの四つのいずれかを優先して決める。では販売の観点からこの四つを考えてみよう。

直観タイプの攻略法

直観で問題を解決する人は可能性を重視する。細かいことよりも全体像を見たがる。次に何がくるかという可能性に大きな関心がある。だから新しいタイプの商品を向けると効果があがることが多い。

たとえば「次世代製品」という差別化に敏感に反応する。「進化した鎮痛剤」という「売り」を打ち出したアドビルは、完璧にこのタイプを狙っていた。

思考タイプの攻略法

考えるタイプは分析的で、正確で、論理的だ。たくさんの情報を処理し、感情や感覚は無視することが多い。冷淡あるいは非情に見えるかもしれないが、必ずしもそうではない。ただ、考えているのだ。

このタイプの人たちは、商品に関する事実を論理的に説明されるとよく反応する。「究極のドライビング・マシン」というＢＭＷの差別化戦略は、人間工学的デザインや操作性、軽量エンジンといった事実と、実際に運転した専門家による評価を豊富に並べて示せば、このタイプに非常によく受けるはずだ。

感情タイプの攻略法

感情重視のタイプは、他人がどう思うかを気にする。知的な分析は好まず、好悪の感情に従う。人と一緒に行動するのが好きで、忠実な固定ファンになる可能性が高い。

このタイプの人たちは、頼りになりそうな専門家の褒め言葉に反応する。「専門家が選ぶ肥料」というミラクル・グロの差別化戦略は、このタイプに向けたものとして完璧だった。美しい花々に囲まれてミラクル・グロのすばらしさを語る洗練された人たち――非の打ちどころのない戦略だ。

感覚タイプの攻略法

感覚を重視するタイプは、事実を尊重する。細かいことをよく調べ、めったに間違いを犯さない。文脈のなかでものを考えるのが得意だ。

業界のリーダーだと謳ったハーツの差別化戦略（「ハーツとハーツ以外があるけれど」）は、このタイプ向けとしてよくできている。このタイプの人たちは、空港ではハーツを選ぶのが確かにベストの選択だと感じている（二五年も「わが社がナンバーワン」と言い続けてきたことは決して無駄ではない）。ハーツがベストだというのは、この人々には常識なのだ。

現実には、四つの機能が混ざり合うこともよくある。直観と感情のタイプは、どちらも細かいことを嫌う傾向がある。思考と感覚のタイプは多くの情報を欲しがる。だがどのタイプも結局は何を買うべきかを決めようとしている。

どんなものでも差別化できる

ハーバード大学のマーケティングの権威、セオドア・レビットは『マーケティング・イマジネーション』（ダイヤモンド社）という本を書いている。この本の第4章で、何でも差別化できると記しているので、彼がロッサー・リーブス側であることは間違いない。

レビットが指摘しているのは、商品は顧客が必要とする、あるいは期待する以上の何かを提供して価値を高めなくてはいけない、ということだ。その何かは追加のサービスやサポートでもいい。

「世界じゅうでビジネスを展開しています」というゼネラル・エレクトリック（GE）の宣伝はこれにあたる。GEはさらに、サービスを充実させて、顧客が自前で保守スタッフを雇う必要をなくした。

オーチス・エレベータは遠隔点検で自社の差別化を図っている。利用者が多いオフィスビルでは、エレベータの点検はオフィスの社員にも訪問客にも迷惑だ。オーチスは遠隔点検によって、エレベータ停止の可能性を予測する。そして利用者が少ない夜間に予防的な保守作業を行なう。オーラルBは、特許をとった青い染料を使って歯ブラシの取替え時期を知らせることで、強力な差別化をはかった。

コモディティの差別化

食肉や青果のようなものでさえ差別化の方法はあるし、USPも可能だ。この場合の成功戦略は五つに要約できる。

①識別化する　ふつうのバナナが「チキータ」というラベルを貼ることで特別のバナナになる。ドールもパイナップルで同じことをしたし、一つずつ透明なパッケージに入れられたレタスも同様だ。もちろん、なぜラベルを貼った商品を探すべきかも消費者に伝えなくてはいけない。

②人間化する　グリーン・ジャイアントというキャラクターは、いろいろなかたちで野菜を差別化した。パーデュー・ファームズのフランク・パーデュー社長は、やわらかいチキンを作る強い男として有名になった。

③新しいカテゴリーを作る　メロンの生産者たちはとくべつ大きなメロンを差別化すべく、ただ大きなメロンとして売り出す代わりに、「クレンショー・メロン」という新しいカテゴリーを作った。タイソンは小さな鶏を売りたかったが、小さな鶏と言ったのではあまり魅力がない。そ

こで「コーニッシュ・ヘン」というカテゴリーを導入した。

④名前を変える　元の名前の感じがあまりよくない場合がある。チャイニーズ・グーズベリーもその一つだ。キウイと名前を変えたところ、とつぜん世界じゅうで好まれる新しい果物になった。

⑤カテゴリーを変える　ポークは長年、ただの豚肉だった。豚肉といえば土のなかを転げまわる動物が浮かぶ。ところがある日、「もう一つの白身肉」としてチキンの仲間になった。牛肉などの赤身肉が問題視されているときには、非常にうまいイメージチェンジである。

やる気さえあれば、差別化の方法は必ず見つかる。

4章

困難だが、逃げれば惨敗

ロッサー・リーブスには差別化をする意志があった。

だが四〇年前の差別化の方法はふつう、商品の明らかな違いに基づいていた。そのなかには、競合商品との比較でドラマチックに見せるというやり方も含まれていた。

「歯を磨いているうちに、息もきれいになります」とコルゲート歯磨きは主張した（数年後、クレストが虫歯予防成分入り歯磨きを売り出すというUSPを打ち出した）。

「体臭が消えます」。一九五〇年代、ライフブイ石鹸はそう宣伝した。どんな石鹸でも体臭は消えるが、最初に宣伝して手柄を得たのがライフブイだった（これについては後に詳述する）。

「うちのボトルは生蒸気で洗っています」という言葉で差別化を図ったのは、顧客の醸造所を見学した伝説的なコピーライター、クロード・ホプキンスだ（もちろんどこの醸造所でもおなじことをしている。だが、それだから衛生的なのだと主張したのはホプキンスが初めてだった）。

当時は、シンプルな科学が多くの会社の味方だった。たとえば鎮痛剤のアナシンは、「独自の成分が組み合わせ」られているからアスピリンや制酸剤入りのアスピリンよりも優れている、と謳った。医師たちは、アナシンの成分の組み合わせはアスピリンだけとは違う効果があると説明できた。

「商品の違い」は打ち出しにくい

現代ではUSPを実現するのも、商品を差別化するのも、利益を確保するのも、以前よりはるかに難しくなっている。その結果、たいていのマーケティング担当者は別の考えへさまよいだす。怒濤のごとく新商品が現われるせいもある。それで、両立しない主張やごく小さな違いばかりで、わけがわからなくなる（「新商品！　フレッシュミントの味わいで歯石除去」）。

それに、ふつうは「うちだって」というわけで、競合商品がどんどん似通ってくる。技術進歩のおかげで商品を徹底的に分析して模倣できるので、独自性を確立する前に特色が薄れてしまうのだ。

スピードも問題だ。たとえばインテルのような会社は、データ記憶容量もパフォーマンスも毎年、驚異的なスピードで向上させている。紙おむつ業界では六カ月ごとに新商品が出る。せっかく新商品を出しても、ゆっくり成果を噛みしめている暇はない。

生き延びるために日々自己改革しなければならないとすれば、商品の違いだけで差別化するのは至難のわざだ。

ほんとうに「新しい」のか?

市場調査会社のマーケット・インテリジェンス・サーヴィスによると、一九八七年、アメリカでは一万四二五四の新商品が登場し、一九九八年にはそれが二万五一八一に増えた。

この数字は何を意味しているか。毎日六九の新商品が現われるということだ。あるいは、アメリカのすべての都市や町や村や集落に、それぞれ一つずつ新商品があるのと同じと言ってもいい。しかし新商品の量は質を意味しない。新しいローションや薬や機器の圧倒的多数は、新発明でもなんでもない。化粧直ししただけか、少しひねりを利かせただけだ。

特許を専門とするマイケル・ラスキー弁護士は三〇年間、新商品の登場を見続けてきた。「新商品といってもほとんどは些細な違いしかありません」とラスキーは言う。「特許にふさわしいほんとうの発明ではない。たいした意味のない、わずかな進歩にすぎません。だから競争相手も簡単に、自分たちの〝フレーバー・ビーズ〟入りガムや〝トリプル・エッジ〟の替刃を送り出してくるのです」。自社商品の特徴と言っても、そんなものだ。

「新しいアイデア」の現実

特許権の保護はきわめて強力だ——それが画期的な発明というにふさわしいものであれば(外

科手術の技法にさえ、特許権が認められているものがある)。あるいは、競争相手を寄せつけない新しい仕掛けの数々で自分のまわりを取り囲むこともできる。

四〇億ドル市場といわれる紙おむつ業界では、面ファスナー(マジックテープ)から漏れ防止ギャザーまで一〇〇〇もの特許がある(同じくらいの数の弁護士もいる)。米国特許商標庁の特許一覧で、紙おむつ関係はもっとも件数が多いものの一つなのだ。

この業界の二大企業であるプロクター・アンド・ギャンブル(P&G)とキンバリー・クラークは特許権侵害で訴えあうのをやめて、紛争のある特許についてクロスライセンス契約を結ぶことに合意した。両社をあわせた市場シェアは七五パーセントだ。これからは、もっと小さな競争相手に、漏れを防止する折り返しの特許使用料を請求して痛めつけることもできるだろう。

というわけで、もし新しい紙おむつをひっさげて市場に参入しようとお考えなら、大手のいじめっこたちが特許権侵害だと騒いで弁護士を差し向けてくるのを覚悟したほうがいい。

一方で、楽しいサプライズもある。こういう強欲な特許権保持者やこわもて弁護士は、じつは例外なのだ。《ウォールストリート・ジャーナル》はこう書いている。「消費材ビジネスにおいては、低価格のプライベート・ブランド品の製造業者は通常、あからさまな盗みではないが、アイデアを模倣して特許権侵害すれすれのところで仕事をしている」。その結果がコピー商品、類似商品、似たもの商品なのである。

マーケティングを専門とするイギリスの教授はこう語っている。「過去何年かの厳しい経験で、われわれは競争に勝つには絶対にイノベーションが必要だと教え込まれた。ところがイノベーションで業界をリードできても、優位にたてるのはほんの一時でしかない。なぜか？　競争相手も同じ圧力のもとで仕事をしているし、ふつうは同じようなリソースをもっているからだ」

強力なコンピュータ・テクノロジーによって、新しいアイデアはミリ単位で分解、分析し、再現できてしまう——それが現実だ。

新商品はとことん分析される

競争相手を分析するとなったら、ときには文字どおり細切れにしてしまう。独自の違いがあったとしても勝ち目はない。

ロバート・マクマスはコルゲート・パルモリーブの元幹部で、いまはコンサルタントをしている。その彼が好んで語るのが、ウォッシュ・アンド・コームというシャンプーがテスト販売されたときのエピソードだ。このシャンプーは髪がさらさらになってもつれないというのが売りで、競合各社は絶大な関心を寄せ、マクマスも行動を起こした。「私のコンサルタント会社だけで、アトランタ市場に出たうちの三〇〇〇本を買い入れた」とマクマスは言う。「それでウォッシュ・アンド・コームは成功間違いなしということになった。だが本物の消費者が買っていたわけではなかった。各社のマーケティング担当者たちが買っていたんだ。全国発売されたときには惨敗したよ」

ポップコーンの強力ブランド、オービル・レデンバッカーをもつハント‐ウェッソンが、テスト販売されたクラッカー・ジャック・エクストラ・フレッシュという新ブランドを「研究」したときにも、同じことが起こった。同社はまず店にあった商品を買い占めて棚を空にした。それからスーパーマーケットの倉庫に直接出向いて、何度も何度もケース買いした（そのスーパーの幹部によると、この商品を買っていたのはほぼ彼らだけだったという）。

クラッカー・ジャック・エクストラ・フレッシュが全国で売り出されたときまったく売れなかったのは不思議ではない。ハント‐ウェッソンはもう購入しなかったのだから。

努力すれば、実る

商品の差別化が不可能だ、と言っているのではない。ただ、難しいと言っているだけだ。

ジレットは数年ごとに替刃カートリッジを作り直す。まず二枚刃（トラックⅡ）、次にヘッド部分が動く二枚刃（アトラ）、ショックアブソーバーの替刃（センサー）、三枚刃（マッハ3）、そして今度は五枚刃（フュージョン）である。

ちょっと見にはフュージョンも一つの新商品にすぎない。だがその陰には、最新のヒット商品を定期的に陳腐化してきたジレットのハードワークと情熱がある。マッハ3が売り出されるまでには、開発に七億五〇〇〇万ドルが投じられた。この商品には「段階的調整」ができる刃や、「ひっかかり」の少ないなめらかなエッジ、そして進化した「前方回転」アクションなど、三五もの特許が秘められている（髭剃り用の替刃というよりフェラーリにふさわしい響きではないか）。

こうした発明と努力の成果は何か？　髭剃り用替刃の市場で独占禁止法すれすれのシェアである。これが差別化というものだ。

改善、アップグレード、イノベーション

同じ会社、同じ技術、違う商品。

二七年間、新商品を出さなかった歯ブラシ会社のオーラルBは、ジレットに買収された。ジレットは一五〇人体制のチームを作って手動で歯垢を取る研究をし、独自開発の繊維を使ったデンタルフロスや最新のアドバンテージ歯ブラシなどの新商品を次々に投入した。

差別化によって商品を売り込む場合、ジレットは良いお手本になる。改善、アップグレード、イノベーション。言い換えれば、「大きくやれ、そうでなければあきらめろ」ということだ。

よくあるのは、会社が自社製品の特色からよそ見をしてしまうことだ。ボルボは安全な車というコンセプトで差別化したパイオニアだった。モジュール構造、サイドエアバッグ、走行用ライトなどたくさんの安全装置やアイデアを導入した。だが最近では、前輪駆動や四輪駆動の安全性で遅れをとってしまった。

いまでは日本の会社が新しいエレクトロニクス安全装置を強調し始めている。ボルボのほうは

あまり安全とは思えないコンバーチブルのスポーツカーやクーペに進出し、これまで差別化してきた特色から目をそらしてしまった。

ホットなチキンとクールなサウンド

スパイシーチキンはポパイズ・チキン・アンド・ビスケッツが出したホットな新商品だ。ケイジャン・スタイルのぴりっとしたフライドチキンで、「刺激のないチキンからアメリカ人を救いたい」というのが同社のテレビCMだ。

ポパイズ・チキンの広告予算は、巨大企業KFC（旧社名ケンタッキー・フライド・チキン）に比べれば微々たるものである。だが同社はぴりっとホットな違いを打ち出した。おかげで売上高ではチャーチズ・チキンやチックフィルAなどを蹴落として、KFCに次ぐ地位を獲得した。

ボーズのウェブ・ラジオもすばらしいアイデアだ。「小さく見えますが、スイッチを入れればわかります」とCMで謳う。

確かに同社のラジオはほかのと違う。パンケースより小型なのに、よく響く豊かなサウンドを聞くことができる。ボーズのラジオには、特許をとった七フィートのアコースティック・ウェブガイド・スピーカーが折りたたまれているからだ。この見事な製品によって、それまでもサウンド・ビジネスで一目置かれていたボーズは《ポピュラー・サイエンス》誌のベスト新商品賞を受賞した。三四九ドルという価格にもかかわらず、売り上げもうなぎのぼりである。

競争の実体は模倣？

競争相手はスパイシーチキンやクールサウンドを真似るだろうか？　イギリスの三人の教授の意見が正しいとすれば、可能性は充分にある。《ジャーナル・オブ・アドバタイジング・リサーチ》のなかで、彼らはこう主張している。

競争では「それなら、わが社も」という考え方があいかわらず主流だ。競争の内実は、競合他社の成功を利用して利益を得ているのだ。このような模倣は（重曹入り歯磨きや一定額の収益を保証する長期投資のような）小さな商品開発だけではなく、もっと大きな特徴にまで及ぶ（どの自動車もスピードが出せて、安全で、経済的でなくてはならないというように）。

ここまででおわかりのとおり、真に違いのある商品を発明して守りきるのは非常に難しい。しかし不可能ではない。

セオドア・レビットの警告

マーケティングの父セオドア・レビットは、一九九一年に出版した『レビット教授の有能な経営者』（ダイヤモンド社）でこう強調した。

差別化は企業が常に努力しなければならぬ最も重要な戦略であり、戦術的行動の一つだ。差別化するかどうかと考える余地はない。そして、どんなものでも差別化できる。セメントや銅、小麦、マネー、航空貨物、海上保険といった商品でさえも。

これらコモディティ化した商品であっても、どれもが同じではない。消費者が同じだと思い込んでいるだけだ。いままで見てきたとおりすべてのものは差別化できるし、ふつうは差別化されている。石鹸やビール、投資銀行、クレジットカード、鋼材用倉庫、人材派遣業、教育。どんな会社でも、コモディティの罠にはまって、価格だけの競争に捕らわれるべきではない。歴史的にも、コモディティから離れようとしなかった会社は、どんなにコストをかけても結局、市場から姿を消してきた。

本書の後半ではさまざまな差別化の方法を取り上げ、さらに製品だけではなくサービスにも対象を広げる。

だがその前に、注意を促すイエローフラッグを何本か掲げておかなくてはいけない。魅力的に見えるが、じつは差別化にはつながらない落とし穴が、いくつかあるのだ。

5章

「品質戦争」と「顧客志向」には要注意

ニュージャージーで暮らしているなら、利用できる銀行が一〇〇以上存在する。チェースのようなメガバンクからコマースのような中規模銀行もあれば、コロンビア・セーヴィングズのようなコミュニティ銀行もある。消費者はどうやって資産を預ける銀行を選んでいるのか？

ここで二〇〇億ドル規模のサミット銀行の頭取ボブ・コックスの声が聞こえてくる。こんな台詞だ。

- わたしたちはいつも、より良い顧客サービスを目指しています。
- どんなに預金の少ないお客さまの声にも耳を傾けます。
- どれほど地位の高い行員でもお客さまの声を聞きます。
- わたしたちはさらに向上し続けます。

お気の毒だがボブ、こんな考え方で熾烈な競争世界を生き延びることはできない。競争相手だって同じ経営書を読み、同じコースをたどっているのだ。

世界じゅうのサミット銀行の顧客にとっては、それなりの質とサービスは予想の範囲内であって、決め手にはならない。言い換えれば、いまの世界では質の高さは当然であって、違いではない。顧客をよく知って愛しているというのも当然であって、違いではない。サミットが買収され、その名前が消えたことは驚くにはあたらない。

「品質戦争」とは

一九九〇年代は品質戦争の時代だった。ビジネス・リーダーたちは品質を測るツールやテクニックを求め、おおぜいの評論家先生や学者たちが本を出版し、品質というとらえどころのないしろものをどう把握し、予測し、確保するかについて、いつまでも議論を繰り広げた。

同時に略語やスローガンが山ほど現われた。QC七つ道具と新QC七つ道具、TQM、SPC、QFD、CQL、その他頭文字三文字の言葉がいくらでもあった。

「品質（クオリティ）」という言葉が題名に入っている本が一九九三年だけでも四二二冊出版された。いまでは半分くらいだろう（わたしたちは戦争に勝ったに違いない）。

今日、どんな調査を見ても、消費者はさまざまな商品の品質が改善されたと思っている。自動車は良くなった。家庭用の機器は長持ちする。コンピュータのマニュアルはわかりやすくなった。世論調査会社ローパー・スターチ・ワールドワイドの編集長はこう語っている。「いまはどのブランドも成功するために必死でがんばらなければならない。どこも金に糸目をつけずに消費者のニーズに応えようとしている。依然として消費者は王様だ。この力関係は当分、変化しそうもない。景気が上向いても、消費者は鷹揚にはならなかった。それどころか要求はますます厳しくなっている」

勝者のいない戦争

誰でも商品の品質は向上したほうがいいし、完全な品質保証があったほうがいいと思うだろう。だが品質向上は報われるのか？　結論はまだ出ていないようだ。

米国品質協会がギャラップを通じて行なった調査では、対象となった経営幹部のうち、品質向上の努力が有意義だったと回答したのはわずか二八パーセントだった（有意義とは、収益が向上した、あるいは市場シェアが拡大したということ）。

イギリス貿易産業省でも似たような調査をしている。こちらでは対象となった企業のうちの八六パーセントが、製造システムを改善しても品質やフレキシビリティは向上しなかったし、期限付きの成績目標も達成できなかったと答えている。それどころか四三パーセントは競争力そのものも改善されなかったと考えている。

しかしいまの競争世界で品質を下げたらどうなるか？　勇気があるならやってみるといい。消費者の期待は消えていない。どれほどコストがかかろうと、応えていくしかないのだ。

消費者を満足させる闘い

品質競争が戦争なら、消費者を奪い合う闘いはハルマゲドンである。《ハーバード・ビジネス・レビュー》の有名な研究によると、顧客離れを五パーセント改善させるだけで、少なくとも二五パーセント利益が上がるという。きっと重役室では大騒ぎになったことだろう。

セミナーや書籍、カウンセラーなどは、顧客と呼ばれる人たちを幻惑し、愛し、パートナーにし、あるいはただ彼らにしがみつく一〇〇一もの方法を教えている。

顧客は企業の協力者だ。CEOだ。王様だ。蝶々だ（なんのことだ、と聞かないでほしい）。顧客のフィードバックは、どんな文句でもプレゼントだと思えという意味だ。販売後の顧客管理がよければ一生彼らをひきとめておける。とにかく顧客と接触する時間を増やそう——。

ここまでくると、NPOの世界だ。

二一世紀になって、《マーケティング・マネージメント》はこんな結論を出した。「いまはどの企業も顧客を満足させようと努力を傾けている。『顧客満足のために必要なことは何でもする』が日々の合言葉だ」

もちろん例外もある。たとえば航空会社。乗客が記録的な数に達して、株価は急騰した。だが、乗客にとっては決していい時代ではない。オーバーブッキング、足も伸ばせない座席、手荷物処理の手違い。フライトが遅れても情報がなかったり間違っていたり、マイレージは溜まっても使おうとすればやたらに面倒、とくる。

ある自転車販売店の成功

ゼインズ・サイクルズというコネティカット州最大の自転車販売店は、顧客サービスで見事に成功し、競争の激しい業界で売上高が年率二五パーセントで伸びている。

いったいどうやって差別化したのか？　答えは「永久保証」だ。ここで買えば、故障したりメンテナンスが必要になったとき必ず店が引き受け、また乗れるようにしてくれる。しかも無料で。保証内容はこんな具合だ。

①ゼインズで販売する自転車は使われている限り、いつまでも修理し、メンテナンスします。
②ゼインズで販売する自転車で、欠陥に関する製造者保証に期限があれば、ゼインズが保証期間を無期限に延長します。
③ゼインズで販売する自転車のアクセサリーや部品についても、欠陥に関する製造者保証を無期限に延長します。

経営者のクリス・ゼインは頭のねじがどうかしたのではないか、と思われるかもしれない。自転車好きは長距離を走るから、消耗や故障も当然激しい。競合店は、ゼインが血迷ったと考えたに違いない。

だがこのやり方は筋が通っていた。店側は、お客が乗っている限り無償で修理、点検しなくてはいけないのがわかっているから、どの自転車もはじめにきちんと整備して客に渡す。

もっと重要なのは、永久保証があるので最高の顧客が必ず戻ってくることだ。自転車好きはしょっちゅう自転車に乗るから、定期的に修理や点検に来る。そしてそのたびに、新品の自転車も全部チェックする。それが売り上げに結びつく。

要するにゼインズ・サイクルズの顧客はこの店と他の店の違いを知っていて、固定ファンになって報いてくれるのだ。

マイレージの落とし穴

一九八三年、アメリカン航空はアドバンテージというサービスを始めた。同社は当時、このマイレージ会員制度はこんなふうにうまくいくと予想していた。

●アメリカン航空の乗客はいつもアメリカン航空に乗ってくれる。

●よその航空会社の客もマイレージの魅力でアメリカン航空に移ってくる。
●アメリカン航空とユナイテッドその他の航空会社は差別化される。

アドバンテージの会員は、いま全世界に三〇〇〇万人、ブラジルだけで五〇万人いるという。アメリカン航空の経営陣が予想しなかったのは、競争相手もこぞって同じようなサービスを始め、しかもいったん開始したマイレージ・サービスの中止はほとんど不可能だということだった。

いまではどこでもマイレージ・サービスを提供している。たとえばハワイ諸島によく行くとしよう。マイレージが溜まればアロハ・エアラインではアロハ・パスをくれる。バンコクへの出張が多い？　タイ国際航空にはロイヤル・オーキッドというマイレージ・サービスがある。

だが航空会社は航空券を売るのであって、ただでくれるところではないはずだ。顧客サービスの王道だったはずのマイレージ・プログラムには思わぬ副作用があった。

●一部の航空券の需要が減少する。
●ハワイのように人気のある観光地の場合、空席が限られる。
●マイレージを使えない客の不満が募る。

マーケティングが専門で、小売サービスの研究をしているテキサスA&M大学のレナード・ベリー教授は苦い顔で認める。「マイレージ・サービスは、コストと悪影響をカバーして見返りがあるほど顧客を引きとめられず、差別化にはならなかった。頻繁に利用する顧客に料金を割引するマイレージ・サービスは、あまりに簡単に真似できた」

高まる期待値

抜け目がなくて要求の多い顧客はあらゆる市場でマーケティングのレベルを押し上げている。いまでは街のベーグル・ショップにも会員特典サービスがある（セサミ・ベーグルを半ダースですか？　ではカードにスタンプを押しましょう）。聞いたことのないようなネット店で聞いたことのないようなCDを注文しても返金保証がついてくる（事実、返金してくれる）。カリフォルニアの健康維持機構は数百の医師グループについて、治療結果や患者の満足度をもとにした成績表を発表している（トップの一割には「ベスト治療」の称号が贈られる）。

消費者にとってはすばらしい時代ではないか？

シアトルのある大銀行によれば、利用者の不満やトラブルへの対応の遅れに、お客が以前よりずっと短気になったという。よく調べてみると原因がわかった。地元の百貨店チェーン、ノードストロームである。顧客サービスに奔走するノードストロームのおかげで、銀行の顧客の意識も変化した。あなたが銀行員だとしよう。お客にこんなことが言えるか？　「ああ、ノードストロームではそうですね。でも、うちはただの銀行なんですよ」

顧客がすでに高い期待をしているなら、いくら至れり尽くせりのサービスをしても安心できない。せいぜい落ちこぼれずにすむくらいだ。

ついでに、ライバル社もすべて、顧客がメロメロになるくらいのサービスをしようと頑張っていることをお忘れなく。

「顧客サービスが決め手」という神話

米国国家経営品質賞（マルコム・ボルドリッジ賞）の選考で高い成績を獲得しても、いや受賞の栄に輝いたとしても、それで成功が約束されるわけではない。ボルドリッジ賞を受賞しても株価が下がり、商品開発が遅れ、ベンチャー・プロジェクトで損をした会社はいくつもある。

一九九〇年代のマーケティングの神話は「顧客サービス」こそが決め手ということだった。マーケティング関係者の多くは夢の世界に暮らしていた。未開拓の市場、という幻想を信じていたのだ。マーケティングとは会社と顧客の二人しかプレーヤーがいないゲームだと思っていた。この幻想の世界では、会社は顧客のニーズにあった商品やサービスを開発し、マーケティングして果実を収穫する。

しかし現実には未開拓の市場などない。競争相手がしっかりと、あるいは緩やかに取り込んでいる顧客がいるだけだ。だから自分の顧客を失わないようにしながら、競争相手の顧客を奪うのがマーケティング・キャンペーンの目的なのである。

そこで差別化が効く。顧客を知るだけでは足りない。顧客にこちらを知ってもらうのだ。

満足でも顧客は乗り換える

重要なことをもう一つ。顧客は満足したからといって忠実なファンでいてくれるとは限らない。クオリティ・インスティテュート・インターナショナルの調査で、こんな結果が出ている。

●商品やサービスに満足していると答えた顧客の四〇パーセント以上が、あっさりと別の商品やサービスに乗り換えている（選択肢は多いし、時間は少ない）。
●あるメーカーの車の所有者の八九パーセントは自分の車にとても満足していると答え、六七パーセントはまた同じメーカーの車を買うつもりだと言った。
●しかし実際に同じメーカーの車を買ったのは二〇パーセント足らずだった。

せっせとサービスしている相手は、こういう薄情な顧客なのだ。彼らはあっさりと裏切る。サービスの王者ノードストロームはどうなっただろう。《ビジネス・ウィーク》誌の一九九九年四月一九日号に「どんなすばらしいサービスでも充分ではない」という記事が掲載された。ノードストロームの売り上げが伸び悩み、利益が減少し、株価が低迷しているというのだ。原因は拡大しすぎにある、と記事は書いている。

だがウィリアム・E・ノードストロームはこう言っている。「われわれは顧客のニーズの変化についていけなかった」

顧客の変化についていけなければ、そりゃ、よそのデパートと区別がつかなくなってしまうだろう。

マイケル・ポーターも断言

ハーバード・ビジネス・スクールの歴代教授のなかでももっとも有名な一人、マイケル・ポーターは、長年、差別化についていろいろと語ってきた。そして著書『競争戦略論』(ダイヤモンド社)で、ついに品質と顧客心理を正確に捉えた。業務効率と戦略的ポジショニングをはっきりと区別したのである。

業務効率を良くするとは、競争相手と同じことをもっと要領よくやる、という意味でしかない。短期的には競争に勝てるだろうが、長期的な成功はまったく保証されない。企業がお互いを基準にして競争していれば、どの企業も似たようなものになる、とポーターは言う。

そうではなくて、企業はライバルとは違ったポジションに立つ必要がある。つまり独自の、同業他社とは違う点を発見することだ。

「業務効率の改善とは、同じレースで他社より速く走ることを意味する」とポーターは言う。

「戦略とは、違うレースを選ぶ、自分が勝てるレースを設定するということだ」

顧客志向が成功した例もある

品質と顧客志向はあまり差別化に結びつかない、と言った。だが例外もある。

地方航空会社であるミッドウェスト・エクスプレスは、顧客サービスと顧客志向によって差別化を図って大成功した。

同社は空港でコーヒーや新聞をただで提供した。加えてステーキと海老のディナー、チョコレート・チップ・クッキー、親切で愛想のいい乗務員、ゆったりした座席。しかも、すべて基本料金で。そこに秘訣があった。ミッドウェスト・エクスプレスは格安料金狙いで早めに予約するレジャー客ではなく、頻繁に利用する社用族にターゲットを絞ったのである。

余力の有無がモノをいう

ミッドウェスト・エクスプレスはしばらくは顧客志向でめざましい成功をとげた。だが燃料コストが上がり、機体が古くなり、拡大路線でコスト削減を迫られるようになった。顧客志向は高くつく。サービスを充実しても料金を上げられないと、非常に困ったことになる可能性がある。同社も最近では苦労している。

レクサスやＢＭＷは、サービスに高いコストがかかっていても、高級車だからそのコストを価格に上乗せできる。

サービスで差別化を図る場合の教訓はここにある。顧客志向戦略は、余力がある場合に限られるのだ。

6章

後悔しない広告戦略とは？

ロッサー・リーブスは『USP』のなかで、大げさな褒め言葉や効果のない広告を批判した。「ほんもののカラメルの風味がたっぷり」「かつてない最高の味わい」「信じられないほどなめらか」などという宣伝文句はリーブスに罵倒されている。

だがこのような宣伝文句は少なくとも売ろうと努力はしていた。最近の売ろうとさえしない広告を見たら、リーブスは何と言うだろう。たとえば次の言葉は雑誌から拾い出した宣伝文句だ。「何かを始めよう」「ご搭乗、ありがとうございます。ほんとうに」「大きな優しさで世界を変えよう」「人々がわたしたちの力」「可能性を広げる」

「クリエイティブ」は罠である

いまでは大げさな褒め言葉の代わりにあいまいな言葉が全盛だ。現在の広告の大多数はあまりにクリエイティブで、娯楽性が高くて、いったい何の会社の宣伝かさっぱりわからない。世界的な金融アドバイザーで証券会社で貸し手であるJ・P・モルガンが出した一面広告にはヘッドラインがない。こちらを見つめている顔があって、こんなコピーが記されている。「ベストに手が届くとき、ベターに満足したことはない。〝ほどほど〟にはまったく関心がない。聞いただけで理解したなどと勘違いはしない。わたしは皮肉屋の裏をかく。必要なら気難しくもなる。完璧であれば機嫌がいい。わたしは火を起こす。わたしはJ・P・モルガンで働いている」

J・P・モルガンの独自性とは何か?

なかなかいいコピーだ。だが、J・P・モルガンは《フォーチュン》誌の読者に何を売り込もうとしているのだろう? 味わい深い従業員のメッセージを広告する会社だ、ということか? 従業員は努力しています、ということ? よしてほしい。それにお客は見も知らない従業員にお金を託すのではなく、成功している大企業に託すのである。

J・P・モルガンのどこが同業他社と違うのか、まったくあいまいだ。同社の独自性とは、世界の有名企業や各国政府、大富豪などの顧客にサービスしてきた一五〇年の歴史だ。J・P・モルガンは、揺籃期のGEやAT&Tが組織を作り、資金を調達する手伝いをした。二つの大戦のときにフランスやイギリスに資金を用立てた。二六億ドルの国債発行でメキシコを支え、ロシア連邦でも同額の国債発行を引き受けた。

J・P・モルガンはこの長い歴史で培ったユニークな能力を宣伝すべきだった。J・P・モルガンその人から始まる「富を生み出してきた一五〇年」をである。

ところが彼らはせっかくの遺産を食い潰し、チェースに身売りした。すばらしい歴史の悲しい結末である。

あいまいな広告への批判

広告のあいまいさがあまりにひどくなったので、《アドバタイジング・エイジ》誌によれば、一部企業のCEOのもとには株主から、「見ている人に商品を買わせようとすらしない、まったく現実離れしたCM」で金を浪費している、という不満の手紙が届くという。同誌の編集長ランス・クレインは、クリエイティブという隠れ蓑をまとった、あいまいで効果のない広告を撲滅する運動に乗り出している。こんなつまらない広告をしていたらCEOの支持を失う、とクレインは警告する（もっともな警告だ）。

以前なら、CEOは広告費のどの部分を削ろうかと考えたものだが、いまでは全部、削るべきではないかと考えている。

アメリカ広告連盟が行なった調査で、広告は企業成長に役立つツールだという考え方に強い賛同が得られなかったのも不思議ではない。自社の広告に満足しているかと尋ねられて、非常に満足していると答えた経営幹部はわずか六・八パーセントにすぎなかった。

「クリエイティブ」派の反論

どうして広告業界が崖っぷちに追い詰められたのかといえば、コミュニケーション過剰、シニシズム過剰の時代に、広告は効力を失ったと考える人たちが多いからだ。

芸術的、詩的な広告を支持する人たちは、広告は一九六〇年代に大きな転機を迎えたという。それ以前は、この薬で頭痛が治りますとか、時間が節約できます、マイレージが溜まります、と宣伝すればよかった。理屈で説得して売り込んだのだ。ところがこのころから、「好感度」が重要な要素になった。芸術的広告派は、露骨な売り込みは好まれないどころか無視される、と考えている。

だから、感情に訴える、あるいは刺激的な、愉快な、クールな広告をしようと必死になる。広告で顧客との「きずな」を作り出そうというのである。

オグルヴィ&メイザー・ワールドワイドのシェリー・ラザラス会長は、アメリカ広告連盟会長だったころ、ある会議で、型破りで予想外な広告がいいのだ、と語った。マーケティングで広告会社がこれまで演じてきた役割を奪おうとしている経営コンサルタントの言うことなど聞かないほうがよろしい、と。

「友人の経営コンサルタントたちは、非合理的、非論理的な広告を見ると、どうも腹が立つようです」とラザラスは言った。ところが「そういう広告こそ、効果がある」。なぜなら「消費者は非合理的、非論理的なことが多く」、「論理を超えた、見えない感情的な価値に」動かされるからだ、とラザラスは主張した。

ビル・バーンバックの亡霊

こういう考え方に反対すると、相手はクリエイティブ派の旗手、ビル・バーンバックの亡霊を呼び出してくるかもしれない。確かにバーンバックは、一九六〇年代に好感度の高い広告という革命の火付け役となった。

だが残念ながら、たいていの革命と同じく、年月がたつうちにその革命はとんでもなく間違った方向に展開してしまった。

ビル・バーンバックとロッサー・リーブスは、じつはそう違った主張をしたわけではない。スタイルが違っていただけだ。バーンバックにも強力な売り込みのアイデアがあった。ただ彼は商品を大げさにアピールする代わりに日常の言葉で表現した。バーンバックは広告にリアリティを持ち込んだのである。

ほんもののクリエイティブな広告とは？

ビル・バーンバックの仕事をいま振り返ってみれば、非常に戦略的で、表現がシンプルで、しかも論理的であることがわかるだろう。

「シンク・スモール」というフォルクスワーゲンの広告は、ビートル（カブトムシ）といわれたフォルクスワーゲンを、そのころデトロイトの自動車産業が提供していた大きくて重いクロムメッキの巡視艇のような自動車と対比して、見事に差別化した。

「ナンバーツーだからこそ、がんばっています」というレンタカー会社エイビスの広告は、ナンバーワンのハーツやその他の競争相手と自社を差別化するじつに正直な表現だった。

「リービーズのユダヤ風ライ麦パンを楽しむのにユダヤ人である必要はありません」という率直なコピーは、ライ麦パンを誰もが食べるパンとして新しく位置づけるのに成功した（ユダヤ風というのは差別化だ。バーンバックはこの違いを、ユダヤ人でない人たちにとっても魅力的なものにした）。

いまは確かに、広告の効果が以前ほど期待できない。しかも同じ消費者を狙ってあまりに多くの商品があふれている。だがバーンバックが生きていたら、心温まるヒューマンな、そして的確な戦略の宣伝文句を編み出したに違いない。

感情だけでは人は買わない

よく聞かされるのは、「感情を利用した差別化」だ。キスしあう人たちや赤ん坊にキスする人など、人間らしい情感あふれる広告が次々に現われている。こういう人生の一シーンのような広告では、商品はささやかな脇役にまわる。

こういうやり方がいいのかと疑問を呈すると、有名なコカ・コーラのCMを持ち出して反論する人たちがいる。ピッツバーグ・スティーラーズのラインマン、ミーン・ジョー・グリーンに、七歳の少年が試合後にコカ・コーラを差し出すCMはおおぜいの人たちを感動させ、大評判になった。だが残念ながら、コカ・コーラの売り上げ増には結びつかなかった（当時、「新世代のチョイス」という差別化で広告していたペプシのほうが好調だった）。

しかし、情緒的広告派は、そんな細かなことはすぐに忘れてしまうらしい。そこで、この問題をもっと科学的な（情緒的でない）やり方で考えることにする。

「感情」と「選択」の関係

議論の本質に迫るために、何かを選択するときの感情と理性の働きについて、心理学ではどう見ているかを探ってみよう。

地球上の生き物のなかで、なぜ人間がいちばん感情的なのか？　これについては膨大で複雑な研究がある。なかでもわたしたちの目を引くのは、カリフォルニア大学教授のリチャード・ラザルスとバーニス・ラザルスの説だ。*Passion and Reason* と題する本のなかで、二人は感情をめぐる多くの神話にメスをいれている。神話の一つは、感情は非合理的で思考や理性に影響されないというものだが、二人は、感情と知性は密接に関係しあっていると指摘する（シェリー・ラザラスに聞かせたいものだ）。

もう一つの重要な指摘は、感情はいつも理性にそうとう影響されるということだ。二人は「感情は、自分にとっての意味をどう価値判断するかによって決まる」と言う。意味がなく、価値判断もなければ、感情も湧かない。

つまり広告が情緒的で、買うべき理由を提示しないなら、いくら感情をかきたてようとしても広告費が無駄になるだけだ。評価も何もないからである（ミーン・ジョー・グリーンの広告がいい例だ）。

べつの心理学者キャロル・ムーグ博士は、こう説明してくれた。「厳密に感情的なだけの行動は、だいたい、ごく幼い子どもか認知力に重大な欠陥がある成人にしか見られません。人は多かれ少なかれ現実的に値踏みし、理性的に検討したうえで、あらゆる選択や差別化を行なうのです。商品が感情に訴えたり忠誠心や興奮をかきたてるものであっても同じです」

言い換えれば、自社の商品を買うべき理由を提示しなくてはいけない、ということだ。

わたしたちの主張は変わらない。

ジーマンも痛感した事実

セルジオ・ジーマンはコカ・コーラでマーケティングを担当していた大立者で、いまは企業戦略のコンサルタントをしている。彼はわたしたちと似たようなことを言っている。マーケティングで大事なのは商品を売ることで、賑やかなCMソングやセレブを引っ張り出すことではない、と。

しかし彼は、あのマーケティング史に残る大失敗と言われるニューコークの宣伝に携わった人物である。

彼がコカ・コーラにいたのは、同社が究極の差別化だった「ザ・リアル・シング（これこそ本物）」というスローガンを捨てて、意味のないたくさんのスローガンを採用したころだった。

「広告はブランドの良さや違いを伝えるものであるべきだ」とジーマンは言う（偉いぞ、セルジオ）。そしてマーケティングは「専門分野であり、市場競争のなかで商品を相対的に位置づける科学である」と（そのとおり）。

次にジーマンは、広告会社は「広告はアートだなどと売り込んでいるが、そうではない」とも言う（それならなぜ彼はコカ・コーラであれほどたくさんの「アート」な広告をしたのか？）。

とにかく、セルジオが改宗したことは喜ばしい。もっと早く気づいてくれなかったのは残念だが。

広告ではなく、情報を

いまはジーマンにもわかったようだが、広告とは商品に関する重要な情報を伝えて、なぜその商品を買うべきかを納得させるものだということを、関係者の多くはいまだに理解していない。そして、その情報はあまりに「広告宣伝じみて」いてはいけないということも。

人が取り入れて蓄えておける情報には限りがある（10章で詳述）。心が受け入れられる新しい情報もそう多くない。この限界を克服するには、メッセージを重要なニュースとして届ける努力を惜しまないことだ。

おもしろがらせよう、気が利いていると思わせようという広告が多すぎる。そういう広告はたいてい、「ニュース」という側面を忘れている。

リサーチ会社のスターチは、新しい情報が含まれているヘッドラインはそうでないものよりもよく読まれることを明らかにした。残念ながら、クリエイティブな人たちの大半はこういう考え方を古臭いと思っている。だが、広告が重点を置くべきなのは、売り手のメッセージあるいはニュースを際立つように提示することなのだ。

あなたが重要なメッセージを伝えようとしていると思えば、人々は目を開き耳をそばだてて、あなたの言葉を吸収しようとする。

あとの章で商品や企業を差別化するさまざまな方法を説明するが、どれにも共通しているのは、商品について重要なニュースを伝えるメソッドであることだ。商品の新しい特徴、業界のリーダー、伝統、好みなど、実証済みのアプローチはどれも選択に役立つ重要な情報を提示している。

肝心なのはその情報を「クリエイティブな広告」のなかに埋もれさせないことだ。

スローガンではなく、違いを

広告はスローガンだらけになった。お疑いなら次のクイズを解いてほしい。どのスローガンがどこの会社の広告か、おわかりだろうか。

「あなたの未来を、もっと容易に」

「イエス・ユー・キャン」

「光の道」

「ありふれていない知恵」

「シフト」

答えは順番に保険会社のＩＮＧ、携帯会社のスプリント、いすゞ、ワコヴィア（銀行と証券会社のグループ）、日産である。

問題は、どのスローガンも、どうして他の会社の商品ではなく自社の商品を買うべきかを伝えていないことだ。こういう広告にはあまり効果がない。それでマーケティング担当者は広告への信頼を失う。意味のないスローガンはマーケティングの世界を侵食するウィルスのようなものだ。侵食を食い止めないと、どのカテゴリーもコモディティばかりになるだろう。

大事なのはスローガンと差別化の違いを理解することだ。

ナイキの「ジャスト・ドゥ・イット」は有名なスローガンだ。なるほど気が利いている。記憶にも残るだろう。だが差別化になっているか？　ノーだ。ナイキという企業を調べれば、少なくとも四〇〇〇人の大物アスリートと契約してきたことがわかる。マイケル・ジョーダン、レブロン・ジェームズ、タイガー・ウッズ、ロジャー・フェデラー、ダラス・カウボーイズ……。

どのスポーツを見ても、有名アスリートはナイキのロゴがついたものを身につけている。これを考えれば、ナイキの真の違いはすぐにわかる。「世界のベスト・アスリートが愛用するナイキ」だ。たいていの人は何を身につけたいと思うだろう？　決まっている。大物アスリートと同じものだ。

携帯電話のノキアは「人々をつなぐ」と言う。だが、他に何をつなぐというのか？　動物？　ノキアは携帯電話業界の最大手にのぼりつめている。グローバルなリーダー、それがノキアだ。だから差別化のポイントは簡単だ。「世界ナンバーワンの携帯電話」。たいていの人は何を買いたがるか？　決まっている。みんなが買っているものだ。

同じことはマクドナルドにも言えるだろう。「世界中の人が大好きなファストフード」。このほうが「アイム・ラビン・イット」という意味のないスローガンよりもずっといい（業界リーダーについては、13章で詳述しよう）。

7章

「低価格」で独自性は出せない

価格は差別化の敵になることが多い。差別化というからには、他とは違う独自の価値がなくてはならない。ある商品かサービスにもう少し余分にお金を出す（少なくとも同額を出す）理由は、その違いにあるからだ。

ところが価格が企業のメッセージやマーケティング活動の中心になると、消費者に独自の存在として認識してもらうチャンスが失われる。価格だけを理由に他社の商品ではなくてうちの商品を買ってくださいと訴えることになるからだ。健全なやり方とはいえない。

価格による差別化があまりうまくいかない理由は単純だ。競争相手もすぐに鉛筆を手にとって値段を書き換えられる。するとこちらのメリットは消滅する。マイケル・ポーターが言うように、競争相手も同じように値引きできるときに価格を引き下げるのは正気の沙汰ではない。

安いニンジンはどうなったか

ポーターの言葉を裏づける事例を紹介しよう。

ある新興企業がニンジンを包装する独自のシステムを開発したおかげで、既存の大手二社に比べて価格面で有利に立った。そこでスーパーマーケットの棚を確保すべく、この会社は以前より良いニンジンではなく安いニンジンで勝負した。するとすぐに大手二社も値下げした。新興企業はさらに価格の引き下げを余儀なくされたが、大手もまた価格を下げた。

新興企業のある役員は「これからどうなるのか」と経営陣に尋ねたが、大手企業が価格引下げを続けられるはずがない、そんなのは「合理的でない」という返事だった。古いパッケージ技術では、値下げを続ければ赤字になるはずだからだ。

だがこの話を聞いたわたしたちは、「いや完璧に合理的だ」と説明した。市場を支配している二社が、低価格を武器にした新興企業の市場参入を簡単に許すはずがない。大手はそれまでの市場に満足していたのだから。

次の役員会で、新興企業の経営陣は新パッケージ・システムを大手企業の一つに売却することを勧められた。売却によって相当の利益がもたらされた。

誰もが満足し、低価格戦略はまたしても挫折した。

低価格エアライン

価格による差別化戦略は難しいが不可能なわけではない。サウスウェスト航空は低価格による差別化を行なってきたが、CEOのハーブ・ケレハーによると、それができたのは「よそとは違う」ことをしたからだ。すなわち同社は機種を一つに絞って、訓練やメンテナンスのコストを引き下げた。予約席をもうけないことで、金のかかる予約システムを導入せずにすんだ。食事を出さないから費用も時間も節約できた。利用料金の高いハブ空港ではなく、安い小さな空港を使うことで高い空港施設使用料を払わずにすんだ。

このような違いを通して、どこよりも安い飛行コストのシステムを確立することができたのだ。だが、そのためにサウスウェスト航空は若干貨物便のような様相を呈した。この欠点を補うために、乗務員は「笑い」をサービスして、空の旅を楽しくしようと精一杯努力している。サウスウェストは低価格エアラインとして独自性を打ち出すのに成功した。しかも規模が大きくなったので、大手航空会社が値下げで対抗して市場から締め出すこともできない。サウスウェストを真似しようとした航空会社は多いが、ほとんどは失敗している。

ウォルマートの成功

ウォルマートの「エブリデー・ロープライス」は大量販売の世界では成功したと言えるだろう。サウスウェスト航空と同じく、ウォルマートも低価格を梃子に差別化してきた。だが、どうやってそれを実現したかが重要だ。

ウォルマートはまず、アメリカのなかでも人口の少ない地方、つまり競争相手は個人商店だけという場所で営業を始めた。ドイツ軍戦車がバルカン半島を蹂躙《じゅうりん》するようなものだ。抵抗はほとんどなかった。

次に、新規開店にあわせて技術ベースを確立していった。さらに、企業規模が大きくなるにつれて「大量仕入れ」も武器になった。Ｋマートやターゲット、コストコなども存在する地域では以前より競争が厳しいが、構造的なコスト削減で低価格を維持している。

デルのやり方

売上高一八〇億ドルのデル・コンピュータも、価格を武器にしてパソコン小売の最大手コンパックに挑戦状を突きつけ、コンピュータ市場で相当のシェアを獲得した。

同社は、小売店を通さずにユーザーに直接低価格で売り込むという独自の手法をとった。そしてコンピュータの写真を並べた比較広告でＩＢＭやコンパックを攻撃した。「ぜいたくな環境《ラップ》」というコピーの下にはデルのラップトップ・パソコン、画面に三八九九ドルの文字。「愚かな環境《ラップ》」というコピーの下にはコンパックのラップトップ、そして画面には七六九九ドルの文字。

コンパックはデルを訴えたが、小売システムは変えなかった。結果としてデルにどんどん市場を奪われていった。

皮肉なことに、最初は価格が武器だったデルもその後、大きく変わった。いまでは比較広告に頼る部分はずっと少なく、売り上げの多くは担当者を通じて注文する大企業や、企業向けにカスタマイズされたインターネットサイトから上がっている。また、ヒューレット・パッカードがコンパックを買収して再起を果たし、デルは王座から追い落とされた。トップにのぼりつめるのは容易でも、トップの座を維持するのは容易ではないのだ。

チャールズ・シュワブのやり方

最初のディスカウント証券会社チャールズ・シュワブの場合も同じだ。同社は低価格戦略で、フルサービスの大手証券会社からシェアをもぎ取った。だが、結局ほかにもディスカウント証券会社が次々に現われ、最近ではインターネット上にさらに低価格の証券会社が多数、出現している。

デルと同様にチャールズ・シュワブも、いまではサービス重視の方向に進んでいる。低価格を売り物にしてはいるが、広告を見る限りでは、手数料が高いぶんサービスが充実している巨人のメリル・リンチ以上にメリル・リンチっぽくなっている。

デルやチャールズ・シュワブの例でわかるように、はじめは低価格で競争しても、構造的な利点がない限り勝ち続けることはできない。食物連鎖をたどって上昇していかなくてはならないのだ。

価格攻撃をかわす

市場のリーダークラスの企業はいつも価格攻撃を受ける。自然法則のようなものだ。では、どうすればいいか？　価格攻撃をかわす方法をいくつかご紹介しよう。

①特別なことをする　リーダー企業は大口顧客に特別な何かを提供すればいい。ナイキはスポーツ用品店大手のフット・ロッカーに、一三〇ドルのランニングシューズ、チューンドエアを独占販売させた。これはうまい手で、フット・ロッカーは一〇〇万足以上を注文し、二億ドル以上の売り上げを見込んでいる。大ヒット商品のエアジョーダンと肩を並べる勢いだ。

②混乱を引き起こす　業種によっては価格が非常に複雑な場合がある。たとえば電話料金。数年前、MCIが友人や家族との通話を割り引くフレンド・アンド・ファミリー割引という制度を始めた。あなたが友人や家族にかける電話と、友人や家族からかかってきた電話が対象になる。割引を受けるには、相手の名前と電話番号を登録するだけでいい。

ライバルのAT&Tはしばらく静観していたが、MCIの市場シェアが上昇し始めたことから高みの見物をやめ、「MCI計算」という攻撃的な広告を始めた。MCIの料金体系を細かく見ていくと、たいした割引にならないと噛み付いたのだ（二〇パーセント割引が謳い文句だったが、実際には六パーセントほどで、一回の通話ではほんの数セントだった）。議論が沸騰して市場は混乱し、何がほんとうの割引で何がそうでないかわからなくなった。スプリントや新たな格安電話会社も割引競争に参入し、混乱はますますひどくなった。MCIのシェアも頭打ちになった。市場が混乱したら誰が勝利するか？　そう、リーダー企業だ。消費者は考える。「ああ、めんどくさい。AT&Tでいいや」

③論点をずらす　価格競争に効き目のあるもう一つの戦略は、初期コストに対抗するトータルコストの考え方を導入することだ。商品によっては、最初は安くても購入後のコストがかなりになる。自社の商品は購入後のパフォーマンスが良いと思ったら、購入コストだけでなくトータルコストを考えてください、と主張できる。

耐用年数で勝負するのも同じ戦略だ。メルセデスのような高額商品は、高くてもふつうの車に比べると長持ちする。値段の高さに腰の引けた消費者も納得させられる合理的な理由だ。

これと似た戦略をとっているのが一台三〇〇〇ドル以上する高級ベッドのドゥキシアナで、高級車に乗って過ごすよりもベッドで過ごす時間のほうがはるかに長いではありませんか、と謳っている。確かに人生の四〇パーセントはベッドの上だ。それならケチらなくてもいいではないか。

バーゲンについて一言

ところで、バーゲンによる販売促進はブランド力強化につながるだろうか？　本格的な国際調査の結果では、短期的な販売促進が終われば売り上げはもとに戻ってしまうのが一般的なようだ。つまり販売促進になるのはバーゲン期間だけ。以前から、そうではないかと疑われていたが、調査結果が出たのは最近である。経営者は、自社の場合は良い余波が残るのではないかという希望を捨てられないものだが、そうではないことが明らかになった。

理由もはっきりしている。バーゲンで購入するのは、ほとんどが以前からの顧客、ブランドのファンだ。ただ安いからというだけで知らないブランドを買う人は多くない。これは事実が証明している。お客は出費を抑えたいから、以前から利用してなじみのあるブランドが安ければ買う。それだけの話だ。

バーゲンの効果は続かない。バーゲンで初めて買った顧客をその後も引き留めておけないのは、そもそも「新しい顧客」というものがほぼ存在しないからだ。しかも短期的なバーゲンで利益を得るのは顧客の一部、せいぜい一〇パーセントか二〇パーセントにすぎない。その割には、バーゲンセールはコストがかかるし、生産や流通への副作用もある。

忘れっぽい消費者

値引きによる販促は記憶に残らないらしい（「六カ月前に二割引だったのはどのブランドだったっけ？」）。消費者は、ときには（ＢＭＷやファーストクラスの航空運賃でさえ）割引があることをあたりまえと思っているようだ。

経営陣は本来、値引きには消極的だが、それでも大規模な値引きによる販売促進が行なわれている（「こうしなければ売れないのです」）。マーケティング担当重役さえいまは価格を引き下げ、それを誇りにすら思っているようだ。だが値引き販促はだいたい赤字になる。そうでなければ、もっとしょっちゅうやっているはずではないか。値引き率が大きければ大きいほど損失も大きい。ではなぜ値引き販売にそれほど費用をかけるのか？　経営陣は販促予算をカットしたいのだが、どうすればいいかがわからないのだ。「必要なのは度胸だけだ」と言ったどこかのＣＥＯは例外だが。

販売促進の魅力

とはいえ、短期的な値引き販売にもそれなりの利点があるのは間違いない。よく聞くのは、たとえばこんなことだ。

- 在庫一掃（投売りで）
- 達成できていない売上目標に近づく（ただしコストをかけて）
- 小売店の棚を奪われない（ただし、当面は）
- 余分の棚を確保できる（これも、当面は）

●得意先がよろこぶ（一時的に）
●競争から脱落しないですむ（ライバルも先週やった）
●とりあえずやることがある（広告会社に頼らなくても）

デイヴィッド・オグルヴィの言葉

ロッサー・リーブスやビル・バーンバックと同じく伝説的な広告人であるデイヴィッド・オグルヴィは、値引き交渉や価格についてはっきりした意見を述べている。彼の言葉は引用する価値があるだろう。

どんな愚か者にも値引きはできるが、ブランドを創造するには才能と信念と忍耐が必要です。

利益は、次の四半期の一株あたり利益というかたちで実現するとは限りませんが、しかしいつかは必ず実現します。ゼネラル・フーズを五〇億ドルで買収したフィリップ・モリスは、ブランドを買ったのです。

以前、チェース&サンボーンという有名なコーヒー・ブランドがありました。ところが値引きを始めた。そして値引き販売依存症になった。チェース&サンボーンはどうなったか？　いまではすっかり寂れてしまいました。

好ましいブランド・イメージと、はっきりした個性を明示する広告に傾注する企業こそが、最も大きなシェア、最も大きな利益を獲得します。

いまこそ警告すべきときです！　値引きに汲々として広告費も出せないような企業がどうなるかを知らせなくてはいけません。

値引き販売では、長続きするしっかりしたイメージを樹立することはできません。しかしそのイメージこそが、アメリカの生活に欠かせないブランドになる決め手なのです。

ごらんのとおり、デイヴィッド・オグルヴィも差別化の価値を信じていた。

ロシアでの敗北

驚くかもしれないが、ロシアに進出したコカ・コーラとペプシは最初、クレイジー・コーラという地元のソフトドリンク会社に敗北した。ACニールセン・ロシアによると、両社のコーラ市場のシェアは四八パーセントだった。

理由は価格だった。地元の食料品店では二リットル入りのコカ・コーラやペプシはアメリカドルに換算すると七七セント、対するクレイジー・コーラは一・五リットル入りで三九セント。この価格差は大半の消費者にとって超えられない壁だった。

そしていま、両社はニッコラという甘みが少なくてより自然なコーラに負けている。ニッココラの宣伝文句は「コーラではなく、ニッコラを飲もう」だ。

問題はコカ・コーラやペプシが赤字覚悟で市場に残り続けられるかどうかだ。ソヴィエト時代のレモネード飲料も急速に売り上げを伸ばしている。アメリカのコーラのように人工的ではない、というのが売りだ。本書の冒頭でも述べたように、まさに食うか食われるかの競争の時代である。

スポーツ用品店の苦闘

四六〇億ドル規模のこの業界では、総合スポーツ用品店の最大手四社がともに赤字を出している。ジャンボ・スポーツ（旧社名スポーツ・アンド・レクリエーション）は息も絶え絶えの状態。アラバマ州バーミンガムのジャスト・フォー・フィートは二三六店舗のうちかなりを閉鎖し、現在破産法一一条による会社更生中だ。いちばん大きなスポーツ・オーソリティも株価が急落し、必死に建て直しを図っている。

問題は何か。要するに、値引きで生き残ろうとすれば値引きで倒れる。スポーツ用品店のようにオンラインでも実店舗でも数が多すぎるところはとくにそうだ。

これらの企業はどこも差別化しようとせず、独自の品揃えもなかった。これでは、残るのは価格戦略だけだ。だがウォルマートやKマートがスポーツ用品の売り上げの三五パーセントを占めるこのご時世、価格はたいした武器にはならない。

究極の値引き——無料

インターネット業界では「無料」が花ざかりだ。無料のeグリーティングカードにeメール。無料のeメールを提供する十数社のうち五社はパソコンが無料、ほかはソフトウェアが無料だ。このような企業はバナー広告で利益が出ると考えている。うまくいけばいいのだが。

無料提供はインターネットでは常識になっている。「無料を謳う企業が後から後から出てきて市場を破壊してしまう」とベンチャー・キャピタリストのデイヴィッド・コーワンは《ウォールストリート・ジャーナル》にそう書いている。「あなたが無料にしなければ、新興企業のどこかがやるだろう」

無料を謳う企業は広告やオンライン・ショッピングで利益を出しているのだろうか？　答えはまだわからない。だが明らかなことが一つある。ベンチャー・キャピタリストや株式市場がインターネット・ビジネスに金を注ぎ込んでいるあいだは、起業家はもっと無謀なやり方だって展開するだろう。

幸運を祈る。

高価格で勝負する

高価格で差別化しようという企業のほうが、わたしたちにはずっと魅力的だ。

たとえばジョイは「世界でいちばんコストがかかっている香水」だと主張している。ここでは二つの重要な原則が働いている。

①高品質の商品は高価格でなければならない　消費者は良い商品には高いお金を払う気があるが、その場合なんらかの方法で高品質であることを伝えなくてはいけない。オービル・レデンバッカーのポップコーンはもっと安いジョリー・タイムの缶よりずっと高級そうに見える。それに最後の一粒までちゃんとはじけますと約束している。ノースフェースのアウトドア・ジャケットに高い金を払うのは、「決して水が沁み込みません」と保証するゴアテックス・ラベルがあるからだろう。ロレックスはいかにもずっしりと頑丈そうだ。だが正直なところ、ロレックスよりずっと安くてもずっしりと頑丈そうな時計はいくらでもある。そこで次のポイント。

②高価格の商品にはプレステージ、高級感がなければならない　ロレックスに五〇〇〇ドル出すなら、友人や隣人にロレックスをはめているとわかってほしい。ロレックスをはめている、成功者だ、と知ってほしいのだ。高級車も同じこと。当人は決して認めないかもしれないが、車に五万ドルを払うのは友人や隣人に感心してもらいたいからだ。五万ドルのキャデラック・アランテが売れなかった理由もそこにある。隣人はキャデラックに感心してくれるだろうか。プレステージを感じてくれるか？　五万ドルもしたとわかるだろうか？

高価格はそれ自体で「この商品にはとても価値がある」と言っている。高価格は商品そのものの特長の一つになるのだ（多くの高級品が成功している秘密もここにある。メルセデス・ベンツ、アブソルート・ウォッカ、グレイ・プポンのマスタードはほんの一例だ）。

8章

「品揃え」でも独自性は出せない

1章で説明したように、消費者は選択肢の多さに圧倒されている。ふつうの人たちは買いたいものが決められずに困ってしまう。

だが選択肢の多さで独自性を出す企業もある。トイザらスの創始者チャールズ・ラザラスは言う。「何を買っていいかわからない親は、いちばん選択肢が多い店に行く」

品揃えの王様、大型量販店

「最大の品揃え」は小売業界でいちばんの謳い文句になった。だがこの標的は捉えにくい。「カテゴリー・キラー」と呼ばれる大型量販店は、小売業界でトップの地位を占めてきた。一店舗ですべてが揃い、しかも格安――それが売りだ。トイザらスを皮切りとして、ホームデポ、レクターズ、ステイプルズ、オートゾーン、ペットスマート、さらにそれぞれの競合店といまや目白押した。

ところがその大型量販店にも強力なライバルが出現している。カテゴリーをさらに絞って品揃えを充実させた店だ。これらの店は、大型量販店が扱っている品目から、小さくて収益性の高いセグメントを狙った。高級教育玩具に特化したヌードル・キッドードルもその一つである。

席捲する大型ディスカウント店

品揃えによる差別化は、値引きによる差別化と同じ問題にぶつかる。ライバルが同じ戦略をとるのを防ぐ方法がないのだ。

大型ディスカウント店は規模の大きさと購買力を梃子に、いくつかの商品カテゴリーの充実を図っている。たとえばウォルマートは、店内に大きな玩具売り場を作った。

小売業界でどんな仁義なき闘いが繰り広げられているか。次はほんの一例である。

●ベビー・スーパーストアはすばらしいひらめきから生まれた。赤ん坊にかかわるすべての商品を一つ屋根の下に揃えたのだ。ところがいまや、トイザらスが強力な「ベビーザラス」を始め、ターゲットなどのディスカウント店も参入してきた。どれもベビー・スーパーストアの収益を圧迫している。

●コンピュータの大型量販店コンプＵＳＡは、電子機器店やオフィス用品店のコンピュータ部門を切り崩した。しかしいまでは電子機器の大型量販店、オフィス用品の大型量販店、カタログ通信販売の店、それに新規参入したコンピュータの大型量販店でもコンピュータを売っている。価格競争が激しくなって、利幅はほんのわずかになった。

●スポーツ・オーソリティのせいで地域のスポーツ用品店がたくさんつぶれた。しかしKマートのスポーツ用品部門は、今後の成長は難しいと考えている。成熟した市場で競合他社の多くが同じ方式を真似ようとしたためだ。

●パーティ・シティができて、パーティ用品を売る地元商店は時代遅れになった。だがパーティ・シティの株式公開後、同種の企業が次々に現われた。いまではウォルマートのような大型ディスカウント店がパーティ用品を格安で売っているし、内装品のスーパーストア、ガーデン・リッジなども店内に巨大なパーティ用品コーナーを設けている。

「豊富な品揃え」の欠点

皮肉なことに、多くの店が差別化のために目指した品揃えの多さが、いまは悪夢に変わろうとしている。

まず、際限なく増える商品を店舗という巨大な箱にどうやって詰め込むか、という問題がある。ホームデポの店員が、七、八メートルも積み上げた段ボール箱から目当ての品物を探し出そうと苦労しているのを見たことがあるだろう。コンピュータ上では場所がわかっていても、実際に見つけ出すのはまた別の話なのだ。

また、コアな消費者を逃してしまうという問題もある。筋金入りのバーゲン・ハンターなら迷路のような棚を回って目当ての品を発見するのが嬉しいかもしれないが、それほどの意欲のない買い物客は苛立ち、うんざりするだろう。

時間が足りないおおぜいの消費者は、少しくらい値段が高くてもさっさと買い物ができるコンビニや小さなショッピングセンターを選んでいる。アフターファイブや週末の貴重な時間を買い物で無駄にしたくないシングルの消費者はとくにそうだ。

年配の消費者も、巨大な駐車場のはしに車をとめ、買い物後、大きな荷物を車まで運ばなくてはならないのを嫌がることが多い。

ぐずる子どもを連れた若い親にも、レイアウトがわかりにくい店舗で買い物をする時間の余裕はないだろう。

心地よさの追求

巨大なカテゴリー・キラーはいま「拡大しすぎ」という問題に悩んでいる。実際、品揃えを絞って、店内を明るくし、通路を広げ、棚を低くした店もある。

娯楽施設やファストフード、双方向ディスプレーなどを併設するところも出てきた。買い物客が楽しんで滞在時間が長くなれば、少しでも売り上げが増えるかもしれないというわけだ。

多様性は暮らしの刺激として欠かせないが、刺激が多すぎると胸焼けを起こしてしまう。

小型ウォルマートの登場

「大きすぎる」店にうんざりした顧客を引き寄せるにはどうすればいいか？　ウォルマートの回答は、規模を小さくしたウォルマート・ネイバーフッド・マーケットだ。

この巨大小売企業はたいした宣伝もせずにひっそりと、アメリカで一二〇のネイバーフッド・マーケットを開店した（カナダでも試験的に開業している）。広さは三五〇〇平方メートル程度と、標準的なウォルマートの四分の一のサイズだが、それでも二万以上の商品を扱っているから、食料品、美容と健康関連の商品、写真現像サービス、雑貨など、品揃えは豊富だ。

同社は、小規模な店舗は「駐車が楽で、店内が混み合わず、レジに時間がかからないから、買い物客には魅力的だ」と言う。興味深いやり方だが、地元の商店にはまたも止めの一撃になるかもしれない。

ウェブの品揃えは無限

インターネット上では、数限りない商品やサービスが提供されている。選択肢のレベルが上がったどころか、まったく新しい風景が展開しているのだ。

たとえばeトイズは、玩具などの子ども用品に加えて児童書も扱うようになった。これでeトイズが提供する商品は一〇万種類を超えた。もちろん、書籍に進出するとアマゾンなどのオンライン書店と競合する。アマゾンだって玩具やエレクトロニクス商品、CDなど、売れるものは何でも売っているのだから、お互いさまではあるが。

インターネットの世界では、無数の競争相手が「うちだって売れる」とつぶやき、実際、翌日には売っている。キャッチフレーズのとおり「子どものころの夢がかないます」(eトイズ)というわけだ。

ザッポスの成功

ネットショップにはぴったりで、他にはそう簡単に真似のできないアイデアもある。アレンエドモンズ製のメッシーナという手縫いのローファーでサイズ13ワイドが欲しいとする。あるいはリリー・ピュリッツァーのバレエフラット・シューズで、サイズ6のミディアムでもいい。目当ての品物がいちばん早く見つけられるのはインターネットだ。巨大な品揃えで差別化したネットショップのザッポスに行けばいい(店名はスペイン語で靴を意味する「ザパトス」に由来する)。

ザッポスは賃貸料の高いショッピングモールに出店する代わりに安い倉庫スペースを確保し、一〇九〇のブランドの一五万八〇〇〇種類の靴を揃えている(この数字は日々、ウェブで更新されている)。そして実店舗で靴の試し履きをさせる代わりに、靴が合わなかったときに備えて往復の送料を無料にした。

ザッポスの創業者はちょっとした秘密を知っていた。インターネットの時代が来るずっと前から、四〇〇億ドル規模の靴の市場では五パーセント（二〇億ドル）をカタログ通信販売が占めていたという事実だ。

模倣者を寄せつけないために、ザッポスは大金を投入して最上級の顧客サービスを確立した。顧客サービス係は一カ月間の研修を受け、電話をしてくれる見込客に無理強いはせず、返品にうるさい条件もない。リピーターの顧客は無料で翌日か翌々日の配達をしてもらえる。いまのところザッポスは大変好調で、七年で売り上げ五億ドルにまで成長した。

ネットショップも独自性に苦戦中

オンラインのショップはすぐに品数を増やすことができるから、品揃えはもう差別化の決め手にならない。となると次は価格だ。だが6章で見たとおり、低価格で勝負するのは容易ではない。とくにインターネットの場合、お客はちょっとキーボードを叩けば簡単に価格比較ができる（車に戻って次の店まで走る必要はない）。

要するに前途は明るくない。アマゾンのような大企業でさえも、利益が出るまでに五年以上かかっている（それに、『ハリー・ポッター』のように売れる本はそうしょっちゅうは現われない）。《ウォールストリート・ジャーナル》が言うように、「サイトがサイトを食う世界」なのだ。

デジタル・ゴールドラッシュ?

こう見てくると、カリフォルニアのゴールドラッシュ時代を思い出す。誰もが金儲けをしようとインターネットという山に駆けつけている。

だが歴史は大切なことを教えてくれる。ゴールドラッシュでほんとうに儲けたのは、地図や道具、衣服を売った人たちだったのだ(リーバイスもそこから始まった)。

金脈を探って一攫千金を狙った人たちのほとんどはうまくいかなかった。それどころか、生きて帰れなかった者もかなりの数に上った。たぶん今回も、機器の製造業者とウェブサイトやしゃれたインターフェイスをデザインするコンサルタントの一団が、ほとんどの金を手にするのではないか。

求む、ガイダンス

インターネットが無限の商品やサービスを提供するようになったいま、人々がほんとうに必要としているのは、どこで何を買えばいいかというガイダンスだろう。買いたい品物についての消費者の意見と批評だけでできているサイト、つまりザガットのレストラン案内のようなものだ。

しかし、どうすればそんなサイトを構築して利益を確保できるか、という問題がある。レストランを評価するのとインターネットの海を泳ぐのとではわけが違う。そう考えると、生易しいことではないはずだ。

大切な教訓

小売業界やインターネットの世界が教えているのは、すべての差別化要因が同等なわけではないということだ。

品揃えの豊富さは、はるかに強力な差別化要因、つまり業界リーダーという地位や、趣味とセンス、あるいは商品そのものの違いには遠く及ばない。理由は、競争相手が簡単に真似できるからだ。そうなると価格以外に勝負のしようがなくなる。

だからこそわたしたちは、品揃えは出発点で、その先はもっと永続的な差別化を図らなくてはいけないとアドバイスする。ニューイングランドの小売企業、アルパーツが一つの例である。

「フルラインナップ」から「趣味とセンス」へ

品揃えで差別化を図って成功したのが、アルパーツ・ファニチャー・ショープレースというロードアイランドの家具ストアだ。だが、アルパーツは品揃えを出発点として、もっと優れた差別化、すなわち「趣味とセンス」を中心にUSPを確立した（15章を参照）。

アルパーツはまず大店舗を作り、多種多様な家具を置いた。そして次のようなコンセプトを生み出した。この広告はラジオCMで流れたもの、そのままである。

お買い得品を提供するのはいいことです。でも、たくさんの良い品物をお買い得に提供するのでなければ、成功とはいえません。アルパーツはそれを成し遂げました。お買い得品を求めて来店されたお客さまが何より驚くのは、あらゆる家具のすばらしいセレクションが一カ所に揃っていることです。

おかげで、ほかの企業が全店舗で売り上げた家具よりたくさんの家具を、わたしたちは一店舗で売っています。お客さまのお探しの家具が見つからなければ、わたしたちは務めを果たしていないと考えます。

こうして、アルパーツはロードアイランドで人気の家具ストアになったのです。

ハーシェル・アルパートはおそらく、「自分はこの品揃えのうえに、趣味とセンスのストーリーを築いた」と言うだろう。そのすばらしいストーリーのおかげでこの店は劇的な成長を遂げている。確かにアルパーツはロードアイランドで人気の家具ストアなのである。

9章 差別化にいたるステップ

この章では、わたしたちが三〇年以上かけて展開してきた差別化のプロセスを初公開する。クリエイティブであるとか、気が利いているとか、想像力豊かだといったこととは関係ない。それは論理的なプロセスであり、健全な思考から生まれた検証済みの科学である。

論理のパワーを見直す

「論理的」とはどういうことか。辞書を引くと、説得力がある、人を納得させる、根拠がある、妥当で明確、などと記されている。論理的な議論とは、思考力と理性を使ったスキルだ。そう考えれば、何かを売ろうとするときにあったほうがいいものだとわかるだろう。

ところが、マーケティングの世界で論理的な議論に出会うことはめったにない。ほとんどのマーケティングが失敗する原因は、この論理性の欠如にある。逆にいえば、議論に論理的な筋が通っていれば、勝利のチャンスがある。

エイビスがレンタカー業界でナンバーツーならば、もっと頑張らなくてはならないと考える。これはクリエイティブかどうかとは関係ない。理屈である。

ＩＢＭがその規模のおかげでコンピュータのあらゆる面を網羅しているのであれば、すべてを総合してほかの業者よりも優れた製品を生み出せるのは理にかなっている。総合コンピュータ・サービス、これがＩＢＭと他社との違いなのだ。

ロジックによる差別化

ロジックは科学だから、ＵＳＰもアートではなく科学であるべきだ。ところがクリエイティブ派はこの考え方にあくまで抵抗する。クリエイティブな思いを制約するプロセスに囲い込まれるのを嫌うのだ。

もっといけないのは、自社ブランドに関する率直でロジカルな議論という戦略的プロセスをたどっても、最後はクリエイティブな人たちに任せてしまうことだ。せっかくのロジカルな議論も歌や踊りのなかでうやむやになる。

銀行の戦略を考えたことがある。その銀行は中堅銀行ではリーダー的存在で、融資相手のほとんどはアメリカで事業を起こそうという移民、アメリカン・ドリームを夢見る人々だった。わたしたちが提案した戦略はロジカルで直接的だった――この銀行と他行との違いは「アメリカン・

ドリームを応援する」ことにある。

このアイデアはみんなに気に入られ、この線に沿っての宣伝が広告会社に託された。だが次にわたしたちが見たとき、キャッチフレーズは「あなたの夢が頼りです」になっていた。

ロジックと差別化のアイデアはどこへいったのか？

こんな事態にしないためにも、四つのステップをしっかりと踏む必要がある。

ステップ①全体的な状況を考慮する

どんな会社でも、つねにそれぞれのやり方で頑張っている競争相手に取り囲まれている。真空状態で議論が行なわれることは絶対にない。だから自社が発するメッセージは業界全体の状況に合った、筋の通ったものでなければならない。市場の空気はどうか。競争相手は何を打ち出しているか。

ここで重要なのは、よく考えないとわからないようなことではなく、ぱっと思い浮かぶスナップショットのほうだ。ターゲットの消費者グループには自社と競合他社の強みと弱点がどんなふうに映っているかを把握しなくてはいけない。

わたしたちがよくやるのは、あるカテゴリーにまつわる基本的な特性をリストアップし、それぞれについて一〇点満点で評価してもらうことだ。ライバル会社の一つひとつについて、この作業をする。目的は、そのカテゴリーで誰がどう考え、どう感じているかを知ることだ。これが議論の背景になる。

その背景には市場の状況も含まれる。新しいアイデアの実践にはタイミングが大切だ。「より良いサービス」というノードストロームの差別化は、デパート業界がコスト削減のために人員もサービスも切り下げているなかで行なわれたからこそ、非常に有利に働いた。

ロータスはノーツという初のグループウェアソフトを出して成功したが、それはちょうどアメリカ企業がパソコンのネットワーク化を進めようとしているときだった。

いわば波乗りのようなものだ。早すぎても遅すぎても失敗する。ちょうどいいタイミングで波に乗れば差別化は成功し、長期間利益を上げられる。

ステップ②独自のアイデアを模索する

「違う」とは、同じではないということだ。「独自性」とは、唯一で並ぶものがないことである。だから同業他社との違いを見つけなくてはいけないが、その際、違いが必ずしも商品そのものの特徴である必要はない。

たとえば馬はタイプによって区別できる。競走馬、牧場の馬、野生馬といった具合に。だが、それぞれのタイプはさらに、たとえば競走馬なら血統や成績、厩舎《きゅうしゃ》、調教師などの要素によって差別化できるのだ。

大学はどうか。アメリカにはびっくりするほどたくさんの大学や短大がある。世界のどの国より多く、その多くが似通っている。とくに共通するのは、どこも政府の補助や奨学金を欲しがっていることだ。

そのなかで、デトロイトの西へ一五〇キロほどいったところにあるヒルズデール・カレッジは、連邦政府の奨学金も含めて国の金をすべて断るという、保守層向けのＵＳＰを確立した（ここまで思い切ったことができるライバルはほとんどいない）。キャッチフレーズはこうだ。「わたしたちは政府の指図をいっさい受けません」。同校は保守思想のメッカとして大学を位置づけることで、さらに独自性を強化した。ヒルズデールの資金集めをしている人物は「大学はわたしたちが売る商品なんです」と語った。確かに売れる商品であることは数字が裏づけている。

企業や商品の独自性を印象づける方法はたくさんある。大事なのは違いを発見すること、そしてその違いを使って顧客に魅力を感じてもらうことだ。

ステップ③信頼できる裏づけを示す

自社の独自性についてロジカルな主張をしようと思えば、その独自性が本物だ、間違いないという裏づけが必要だ。前にも触れたＩＢＭの場合は、「企業規模」が総合コンピュータ・サービスの信頼性の裏づけだった。

自社の商品はほかと違うと言うなら、その違いを明確に示せなければならない。違いを示せば、信用が得られる。漏れないバルブを作っているなら、漏れるバルブと直接比べてみせればいい。

うちの商品は違いますと言っても、裏づけがなければ根拠のない宣伝文句になってしまう。たとえば「ワイド・トラック」のポンティアックはほんとうに他の車よりもワイドでなくてはならない。ブリティッシュ・エアが「世界でいちばん人気のある航空会社」なら、どこの航空会社よりもたくさんの乗客を運んでいなくてはいけない。コカ・コーラが「ザ・リアル・シング（これこそ本物）」と言うなら、独自に発明したコーラでなくてはいけない。「ハーツとハーツ以外があるけれど」と言うなら、ハーツだけの独自のサービスをしなくてはいけない。

人を欺くごまかしで差別化することはできない。消費者は疑い深い。「広告だからそう言うんでしょ。証明してくれなきゃ！」と考える。主張にはしっかりした根拠が必要だ。

もちろん裁判所で出す証拠とは違う（ただし、連邦取引委員会やテレビ局の挑戦を受けたら、すべての主張に証拠が必要になるだろうが）。むしろ世論という法廷に立っていると考えたほうがいい。

ステップ④アピールを徹底させる

他社と違う商品を作っても、それだけでお客が詰めかけることはない。商品が良いだけでは勝てない。良いと認識してもらえれば勝てるのだ。真実も、なんらかの支援がなければ勝利を得られないというわけだ。

宣伝、パンフレット、ウェブサイト、セールス担当者——広報および宣伝のすべてに違いを反映させなくてはいけない。

ファストフード業界にわたしたちのクライアントがいる。その会社はフランチャイズ店にクリスマスカードを送っているのだが、あるときCEOが電話してきて、彼ならではの考えがカードに盛り込まれていない、と不満を言った。クリスマスなんだし、省いてもいいのではないか、と答えると、彼は言い返した。「いや、カードにも入れてほしい」。言うまでもなく、彼の考えはクリスマス・カードに明記された。

独自性を伝えるのにやり過ぎることはない。

その考えがほんとうに独自のものなら、強力なモチベーション・ツールにもなる。エイビスが、「ナンバーツーだからこそ、がんばっています」と言ったとき、社員はそれを肝に銘じた。それどころか、二番手であることに誇りをもった。

数年前、ユナイテッド・ジャージー・バンクのために「速く動く銀行」というキャッチフレーズを編み出したとき、行員たちはその精神を汲み取り、大きな都市銀行（「寝ているような都市銀行」とわたしたちは呼んだ）よりも速いサービスをしようと努力した。融資の承認にも苦情の解決にもスピードを心がけた。彼らは顧客対応の速さに価値を見出したのである。

アメリカの経済界には社員のモチベーションについてのくだらない言葉があふれている。「ピーク・パフォーマンス」を云々する手合いが、金のかかる激励会と一緒に持ち込んだものだ。あなたの会社の社員に必要なのは、「どうすれば自分の真の可能性を実現できるか？」という問いに対する神秘的な回答ではない。彼らが聞きたいのは、「この会社はライバルとどこが違うのか」である。この問いに答えられれば、みな手ごたえを感じて頑張るはずだ。

ほんとうのモチベーションの出発点は、独自性の発見という武器だ。社員たちには、「この独自性をセールスや商品開発、エンジニアリングなど仕事のあらゆる場面でアピールし、花を開かせよう」と鼓舞すればいい。

広めるための資金はあるか

優れた独自性を発見しても、それだけでは充分ではない。市場に伝えるための資金が必要だ。世界でいちばん優れたアイデアでも、アイデアを離陸させる資金がなければたいした結果は出ない。発明家、起業家、その他アイデアを生み出す人々は、優れたアイデアさえあれば、あとはプロのマーケティング専門家の助言だけで成功すると考えているらしいが、現実はまったく違う。マーケティングとは、見込み客の意識のなかで闘われるゲームだ。消費者の意識に入っていくにはお金がいる。入ったあと、そこに留まるためにもお金がいるのである。

そこそこのアイデアでも一〇〇万ドルかければ、すばらしいアイデアがあるだけよりも成功するだろう。

お金がなければ価値がない

事業家のなかには、見込み客の心をつかむための解決策は広告だと考えている人たちがいる。広告は安くはない。第二次世界大戦の戦闘のコストは一分あたり九〇〇〇ドルだった。ベトナム戦争では一分あたり二万二〇〇〇ドル。これに対してNFLスーパーボールの一分間のCM料はたぶん二〇〇万ドル以上する。

スティーブ・ジョブズとスティーブ・ウォズニアックにはすばらしいアイデアがあった。だがマイク・マークラの九万一〇〇〇ドルがなければ、アップル・コンピュータは世に出られなかっただろう（ベンチャー・キャピタリストのマークラは出資の見返りとしてアップルの三分の一を獲得した。だが半分もらってもよかったくらいだ）。

また一部の事業家は、パブリシティを見込み客の意識に入り込む「無料の広告」だと考えている。だがパブリシティはただではない。おおざっぱに、五対一〇対二〇の法則が成り立つ。小さなPR会社に一カ月商品を宣伝してもらうと五〇〇〇ドル。中規模なら一カ月一万ドル。大きなPR会社なら一カ月二万ドルだ。

ベンチャー・キャピタリストが資金問題を解決してくれると考える起業家もいる。だが必要な資金を獲得できる人はほんの一握りだ。

アメリカの経済界ならベンチャー企業を喜んで迎えてくれて、資金も提供してくれると思っている起業家もいる。こういう人たちには、幸運を祈ると言うしかない。まさに幸運が必要だから。覚えておいてほしい。アイデアもお金がなければ価値がない。資金調達に心をくだくことだ。

お金はあればあるほどいい

マーケティングの世界では、金持ちがますます金持ちになる。アイデアを人々に売り込む資金があるからだ。この人たちにとっての問題は、優れたアイデアとだめなアイデアを見分けることと、あまりたくさんの商品に多額の広告宣伝費を費やしすぎないように気をつけることだ。

競争は厳しい。巨大企業はブランドに多額の資金を注ぎ込む。P&Gとフィリップ・モリスは毎年二〇億ドル以上を広告費に当てている。GMの年間広告費は一五億ドルだ。

一般消費材と比べて、技術関連商品やビジネス向け商品はマーケティング費用があまりかからない。見込み客が少ないし、広告メディアも比較的安価だからだ。その技術関連商品の場合でも、広告宣伝のほかにパンフレットを作り、セールス担当者を置き、見本市に参加するなどの費用がかかる。

アイアン・コンピュータの挫折

かつてジョン・オピンカーという人物が家族や友人から五万ドルを借りて、アイアン・コンピュータという会社を作った。この企業の売りは、高温になるレストランの厨房など、厳しい環境に向いたタフなパソコンだった。当時そんなパソコンはどこにもなかった。

だがオピンカーは、インターネット上の株式公開というリスキーな手段に頼りすぎた。たいした資金は集まらず、本格的なマーケティングを展開することができなかった。せっかくすばらしい独自のアイデアをもっていたのに、アイアン・コンピュータは破産した。

マーケティングの世界を動かしているのはお金だ。この世界で成功したければ、マーケティングという車輪を回転させるための資金を調達しなくてはいけない。

10章

差別化①「ポジショニング」と「フォーカス」の徹底

前章で見たように、独自性確立の最終ステップは、消費者に自社の違いをしっかりわかってもらう体制をつくることだ。

そのためには、わたしたちが一九六九年からずっと語り続けてきた「ポジショニング」が必要になる。「ポジショニング」という言葉はビジネスの世界で頻繁に使われるが、意味をよく理解していない人が多い。ポジショニングとは、見込み客の意識のなかで自社の商品をどう差別化するか、ということである。

わたしたちの著書やスピーチ、記事になじみのなかった人たちのために、人の心の働き、そしてポジショニングの原則について、かいつまんで説明しよう。

心の働き方がわかれば、ポジショニングも理解できる。心の動き方の原則、これは差別化を考える際にも基本だ。

勢いを増す情報過多社会

いまも人の心の謎は解明しきれていないが、一つだけ確かなことがある。心はあちこちから攻撃を受けているということだ。

西欧諸国のほとんどの社会が、完全に「情報過多社会」になっている。メディアの種類が爆発的に増え、それに従ってコミュニケーションの量も急増した。このことが、人々が提供された情報を取り入れたり無視したりする際に劇的な影響を与えている。

情報過多は、コミュニケーションと人々への影響というゲームそのものを大きく変えた。一九七〇年代でも負荷過剰《オーバーロード》だったのに、二一世紀に入ったいまでは超弩級《ちょうどきゅう》の過剰だ。

- 過去三〇年間に生み出された情報は、それまでの五〇〇〇年分をあわせたよりも多い。
- 印刷物における知識の総量は四年か五年ごとに倍々ゲームで増えている。
- 《ニューヨーク・タイムズ》の平日の紙面には、一七世紀イギリスの平均的人物が生涯に出会うよりも多くの情報が盛り込まれている。
- 世界では毎日四〇〇〇点以上の本が発行されている。
- 平均的なビジネスパーソンは一年に七〇キログラムのコピー用紙を消費する。一〇年前の二倍である。

インターネットのサイトは毎日一〇〇万ページずつ増えている、と《サイエンティフィック・アメリカン》は報じている。すでに数億ページあるうえに、である。

世界のどこへ旅しても、衛星放送が数限りないメッセージを地球の隅々まで送ってくる。イギリスの子どもが一八歳になるころには、一四万のテレビCMにさらされている。スウェーデンの平均的消費者は一日に三〇〇〇のCMメッセージを受け取っている。ヨーロッパの一一カ国では現在、一年に放送されるテレビCMは六〇〇〇万を超える。アメリカでは今後、テレビチャンネルが一五〇から五〇〇に増えるだろう、と専門家は言う。

さらにコンピュータがあり、大いに宣伝された情報スーパーハイウェーがあって、光ファイバーやCD-ROM、その他さまざまなかたちで家庭に厖大な量の情報を送り込みますと約束している。

こう考えてくると、独自性を打ち出すときはできる限りシンプルな、見てすぐに理解できるかたちにして、あらゆるメディアを使って何度も何度も伝えなくてはならないことがわかるだろう。マーケティング担当者は「独自性」にこだわり続けなくてはいけない。

認知力には限界がある――

マーケティングをする側と対象となる人々の意識はなかなか一致しない。

残念ながら、いくらすばらしい情報を提供しているつもりでも、じつは相手はそのすべてを受け止めてはいない。

人間の感覚は選択的だ。記憶も同様に非常に選択的である。生理学的にも限界があって、無限の刺激を処理することはできない。だから同じカテゴリーの商品がたくさんある場合、よほど特徴的な違いがない限り、差別化はそうとうに難しいだろう。

人間の視覚は写真とは違う。視覚に残るのはイメージだけだ。記憶もテープレコーダーのように情報をまるごと蓄えておくことはできない。

広告のメッセージがどこまで伝わるかは、売り込もうとしている品物によって大きく左右される。このことは、広告がどこまで重視されているかを長年かけて調べたデータが示している。

たとえば靴の広告は、床仕上げ材の広告の二倍も人々の関心を引く。ブランド名や内容とは関係ない。同じように香水の広告は、ほとんどどんな香水でも、家具の広告の二倍も読まれる。

まったく関心をもたれないし、人々がブランドを覚えてくれないカテゴリーもある。棺がそうだ。この業界のトップ・ブランドはベイツヴィルだが、数行の広告を読んでも、その名はすぐに忘れてしまう。

このような関心のレベルの違い——バイアス——は、雑誌や新聞を読む人たちのあいだに確固として存在している。

記憶される秘訣とは？

これまで存在したどんな生物と比べても、人間はいちばん学習を頼りにするし、学習なしでは生きていけない。

学習とは動物や人間が新しい情報を獲得する方法である。その情報を時間がたっても留めておくのが記憶だ。記憶は電話番号を覚えるような能力だけをさすのではない。思考過程のすべてに使われるダイナミックなシステムだ。見るのにも記憶を使う。言語を理解するのにも記憶を使う。逃げ道を探すのにも記憶を使う。

記憶がそれほど重要なら、記憶される秘訣とは何だろう？

相対性理論を発見するうえでいちばん役立ったのは何でしたかと聞かれて、アルバート・アインシュタインは答えた。「問題の立て方を発見したことです」

問題の核心がつかめれば、闘いの半分は終わる。ビジネスにおける問題点の核心は、ライバルを深く理解し、ライバルが消費者の心でどんな場所を占めているかを理解することだ。

自分が何を望むかではない。ライバルとの関係で何ができるか、である。

「シンプル」というパワー

商品の基本的コンセプトからして、失敗が決まっている場合もある。メンネンのビタミンEデオドラントはビタミンを腋の下にスプレーしましょうという商品だが、健康で栄養の行き届いた腋の下が望みでない限り、この商品は意味がない。たちまち市場から消えた。

アップルのニュートンはどうか。これはファックスで、ポケベルで、予定表管理システムで、手書き認識コンピュータでもあった。複雑すぎだ。だからすぐに消えてしまい、もっとシンプルなパーム・パイロットが大成功した。

非常に力強い広告のなかには、たった一語を強調したものがある（ウェルズ・ファーゴの「速い」。ボルボの「安全」。リステリンの「殺菌」）。ここから学ぶべきことは、何もかも語ろうとしてはいけないということだ。強力な違いに集中し、それを消費者の心に叩き込むべきなのだ。

シンプルな形で問題を解決する方法がわかる一瞬のひらめき、創造的な飛躍は、一般的な知性とはまったく違う。そんなシンプルな言葉を探すコツは、「自分だけでなくライバルでも言えることなら却下」「違いを証明するのに複雑な分析が必要なら却下」「消費者の意識にフィットしないなら却下」である。

人の心の不思議

純粋なロジックは広告の成功を保証しない。6章でも見たように、人の心は感情的でもあり、合理的でもある。消費者はなぜその商品を買いたいと思うのか？　市場での消費者行動にはどんな理由があるのか？

どうしてその品物を買ったのですかと聞いても、答えはあまり正確ではなく、役に立たないことも多い。当人にはわかっていても、ほんとうの理由を言いたくないのかもしれないが、当人にも正確な動機がわかっていないことのほうが多い。

記憶に関して言うなら、消費者はすでに存在していないものも思い出す。だから確立されたブランドは広告の支えがなくても長く生き延びるのだ。一番手になる利点はそこにある（11章を参照）。

一九八〇年代半ば、料理用ミキサーについて調査が行なわれた。消費者に思い出せる限りのブランドをあげてもらったところ、第二位になったのはGEだったが、同社は二〇年も前に料理用ミキサーの製造を中止していた。

なぜ他人が買うものを買いたがる？

人はたいてい、買いたいものではなく、買うべきだと思うものを買う。ヒツジのように群れの動きに従うのだ。

これほど多くの人が、ほんとうに四輪駆動の車を必要としているだろうか（ノー）。もし必要なら、どうして何年も前に人気が出なかったのか？（流行ではなかったから）。

こういう行動をとる大きな理由は「不安」だ。これについては多くの科学者がいろいろ調べている。市場に長く出ている商品なら、消費者は信用し、安心して買ってくれる。だから伝統は格好の差別化要因になる（14章を参照）。

人の心は、さまざまな原因で不安定になるが、その一つは、買い物のような基本的なことをするさいに感じるリスクだ。行動科学者によれば、このリスクには五種類あるという。

①金銭的なリスク（これで損をするかもしれない）。

②機能的なリスク（うまく動かないかもしれない、期待どおりには動かないかもしれない）。

③肉体的なリスク（ちょっと危険かもしれない、怪我をするのではないか）。

④社会的なリスク（これを買ったら友だちがどう思うだろう）。

⑤心理的なリスク（これを買ったら後ろめたく感じるのではないか、無責任だと感じるのではないか）。

こう考えると、消費者がマイナーなブランドに好感をもっても、買うのはトップ・ブランドだというのも納得できる。他の人たちがみんな買っているなら、わたしもそれにしよう、というわけだ。

心を変えることはできない

人の気持ちを変えようとしても無駄だ。たとえば――

●ゼロックスは、自社のコピー機以外の機器にも値打ちがあることを説得しようとして数十万ドルかけたが、無駄だった。誰もゼロックスのコンピュータを買おうとは思わなかった。だがコピー機は買い続けている。

●自社にはビートルのような小型で信頼できる経済車以外にもいい車があると説得しようとしたとき、フォルクスワーゲンの株価は六〇ポイント下落した。誰もスピードの出る大型のフォルクスワーゲンを買おうとは思わなかった。そしてビートルに回帰すると、人々は争って買い求めた。

●コカ・コーラは「本物」よりおいしいコークを創ったと市場を説得しようとして、威光と金を失った。誰もニューコークを買わなかった。だがコカ・コーラクラシックはあいかわらず売れ続けている。

商品に対するイメージが市場でできあがってしまうと、もう変えることはできないのだ。ジョン・ケネス・ガルブレイスが言ったように、「心を変えるか、それとも変える必要がないことを証明するかの二者択一を迫られたら、ほとんど誰もが、変える必要がないことを証明しようとする」のである。

心のフォーカスがぼけるとき

焦点ぼけは、製品ラインの拡大にまつわる問題のすべてといっていい。そして、これほど議論を呼ぶ問題はそうない。

企業は経済的な観点からブランドを考える。そしてコスト効率を改善して売り上げを伸ばそうとするとき、往々にして、フォーカス（焦点）のはっきりした、あるタイプの商品やコンセプトを代表するブランドを、二種類かそれ以上にライン拡大してしまう。しかし消費者の意識の側から見ると、ブランドのバリエーションが増えると、焦点がぼけてあいまいになる。シボレーのように、せっかく差別化がうまくいっていたブランドが、わけのわからないものになってしまう。

スコットはトイレットペーパーのリーディング・ブランドだが、製品ラインを拡大して、スコッティ、スコットキン、スコット・タオルと増やした。まもなくショッピングリストの「スコット」という言葉は意味をなさなくなり、代わりにチャーミンというブランドがトップの座を奪った（20章を参照）。

驚くべき調査結果

新商品の約七〇パーセントはすでに確立されたブランドで売り出される、つまりライン拡大だと知ったら、企業の側にはライン拡大を支持するデータがあるのだと思うだろう。ところが、そうではない。

《ジャーナル・オブ・コンシューマー・マーケティング》は、アメリカとイギリスの五つの市場で一一五の新商品を対象とした大規模な調査を紹介している。有名な企業や企業グループのブランドで売り出された商品の市場シェアと、新ブランドで売り出された商品のシェアを比較したものだ。市場シェアは発売二年後のものだが、ライン拡大の一環として売り出された商品は、新ブランドの商品に比べてかなりシェアが小さかった。

《ハーバード・ビジネス・レビュー》もライン拡大に関する研究を発表しているが、研究の結果、ライン拡大はブランド・イメージを弱め、売り上げに悪影響を及ぼすことがわかったという（どうしてそうなるかは、20章を参照）。

特化したブランドのパワー

マーケティング戦争を観察すると、独自性をはっきりさせて特化したブランドが勝利する傾向があることがわかる（15章を参照）。

どうして特化したブランドのほうが消費者に訴える力が強いのか。第一に、特化したブランドは一つの商品、一つの特性、一つのメッセージにフォーカスしている。だから広告メッセージもシャープで、人々の心に届きやすい。

ドミノ・ピザは「宅配」にフォーカスした。そのためピザ・ハットは、ピザの種類を増やし、宅配もするし、店内でも食べられます、と訴えなくてはならなかった。

特化したブランドの第二の武器は専門性である。それしかやっていないなら、非常にじょうずにできるに違いない、つまりベストだという印象を与えるわけだ。

第三に、特化したブランドは一般名詞になり得る。ゼロックスはコピーを表わす一般名詞になった（「これをゼロックスしよう」）。フェデラル・エクスプレスは、宅配便を表わす一般名詞になった（「そちらにフェデックスします」）。法律家は嫌がるだろうが、ブランドを一般名詞にするのはマーケティング戦争では究極の武器である。だが、それは特化したブランドにしかできない。一般的なブランドでは一般名詞にはなれないのである。

11章

差別化②「一番乗り」を射止める

新しい考え方や商品、メリットを、消費者の心に印象づけることができればがぜん有利になる。前章でも説明したように、人の心はなかなか変化しないからである。

心理学者は、「人は同じことをずっと続けたがる」と言う。さまざまな実験でも、現状維持には非常に大きな魅力があることがわかっている。意思決定をする場合、ほとんどの人は現状のままという選択肢に大きく傾くのだ。

だから、もしあなたの会社が一番乗りをした場合、ライバルが真似しようとすると、かえってあなたの会社の考え方が強く印象づけられることになる。最初に消費者の心を捉えるほうが、一番手のものよりうちの商品のほうが良いですよ、と説得するよりずっと容易なのである。

一番はいつまでも一番

ハーバードはアメリカで最初の大学だった。そしていまでもリーディング・ブランドである。《タイム》はいまでも《ニューズウィーク》より上でリーディング・ブランドだし、《ピープル》のほうが《USウィークリー》より上、《プレイボーイ》のほうが《ペントハウス》より上だ。初めてミニバンを売り出したクライスラーは、いまでもミニバンではリーダーで、最初のレンタカー会社ハーツはいまでも空港のレンタカーではリーダーである。

ヒューレット・パッカードはデスクトップのレーザー・プリンターを最初に売り出し、サンはワークステーションを、ゼロックスはコピー機を最初に売り出した。こういう例はいくらでもある。

消費者の意識のなかでは、最初に商品を開発した企業は後発の企業とは別格だ。山の頂上に最初に到達した企業は特別の地位を獲得する。

だからこそフランスのミネラルウォーター会社エビアンは、うちこそ「オリジナル」ですと消費者に思い出させるために二〇〇〇万ドルの広告費を使う。

長男長女と同じ？——

市場に最初に出た商品は、家族のなかの長子に似ている。積極的で、やる気満々で、支配的なことも多い。

二番手以降の商品は第二子や第三子のようなもので、どうしても後から来た挑戦者になる。

だから二番手以降で成功するには側面攻撃が必要となる。一番手にはない長所や考え方によって、差別化を図るのだ。

マサチューセッツ工科大学のフランク・サロウェイ博士は、長子は自分のほうが「弟妹より大きくて、強くて、賢い」と思いながら育つと言う。さらに長子は嫉妬深く、地位に敏感で、縄張りを守ろうとする。新来者に縄張りを侵害されると感じているからだ、と博士は指摘している。そして誕生の順番とその影響に関する調査を二〇年にわたって二〇〇〇以上も行なってきた結果、「長子は性別や階級、国籍とかかわりなく、権威的で、現状維持で生きようとする傾向がある」と主張する。

最初に生まれた企業や商品も、長子と同じなのだ。

一番手が勝ち続ける理由

消費者は最初の商品こそがオリジナルで、あとはみんな模倣、物真似と感じている。オリジナルならば知識も豊富で、専門性も高いと判断される。だからコカ・コーラの「ザ・リアル・シング」はすばらしいキャッチコピーだった。

調査すると、ほとんどの場合、最初に市場に出た商品は後発の商品に比べて相当大きなシェアを維持している。後発企業は独自の販売戦略を余儀なくされる。

ペプシコーラの「新世代のチョイス」がそうだった。コカ・コーラがオリジナルなら、当然、世代が高い人々に人気があるはず。そこでペプシは甘みを少し強くして、若い世代を狙った。そしてこの差別化は当たった。

独自性なき後発は消える

ペプシコーラは独自の道を発見した。それが発見できない企業は生き残れない。

アドビルは最初の市販鎮痛剤だった。この薬が出るまでは、鎮痛剤は処方箋の必要なモトリンしかなかった。事実、アドビルは「処方箋がいるモトリンと同じ効き目」と謳って売り出した。消費者は高いお金を出さなくても同じ効き目の薬が手に入ると思った。

二番手のブランドはヌプリン、三番目がメディプレンだった。だがこれらのブランドはアドビルと差別化する方法が見つからず、消えていった。

いまではモトリンＩＢだけが生き残っているが、売り上げはアドビルの三分の一以下しかない。後発がつぶれたのに両者が生き残ったのは、どちらも最初のイブプロフェン（非ステロイド系鎮痛剤）だったからだ。

その商品名は一般名詞になれるか

最初のブランドがトップ・ブランドであり続ける理由の一つは、一般名詞化することが多いからだ。最初の普通紙コピー機であるゼロックスは、すべての普通紙コピー機の代名詞になった。

リコーやシャープ、コダックのコピー機の前でも、人は「ゼロックスしておいて」と言う。ティッシュの箱にスコットと書いてあっても、クリネックスをください、と言う。ペプシしかなくても、コークはいかが、と言う。

たいていの人はブランド名を一般名詞として使っている。絆創膏のバンドエイド、ガラス繊維のファイバーグラス、合板のフォーマイカ、防水生地のゴアテックス、ゼリーのジェロ、強力接着剤のクレイジーグルー、ラップフィルムのサランラップ、マジックテープのベルクロ、あげればきりがない。新しいカテゴリーの商品を最初に売り出すなら、一般名詞として使えるような名前を選ぶべきだ。

花が咲くまであきらめない

最初の、あるいは新しい思いきった考え方は、根付くのに時間がかかって、なかなか市場に受け入れてもらえないこともある。

- 35ミリカメラは一九二〇年代に初めて登場したが、一九六〇年代に日本のメーカーが成功するまで、長い年月を要した（四〇年）。
- 電子レンジは一九四六年に発明されたが、市場に受け入れられたのは一九七〇年代半ばだ（三〇年）。

●ビデオカセットレコーダーは一九五六年に登場したが、一般向け商品として成長したのは一九七五年になってからだった（二〇年）。
●留守番電話は一九五〇年代後半にゆっくりと開発されたが、爆発的需要が生まれたのは一九八〇年代半ばである（二五年）。
●ビデオゲームは一九七二年に生まれ、ブームになり、そして消えた。一九八五年に任天堂が参入して初めて長期的な需要が確立された（一三年）。
●ライトビールの開発者は、この商品をどう位置づければ消費者にアピールするかを探り続けて長いあいだ苦労した（九年）。

ここから学ぶべきことは、最初に商品を開発し、ライバルにアイデアを盗まれまいと思ったら、辛抱強くがんばり続ける必要がある、ということだ。

敗者のリスト

だが最初に商品を開発して辛抱強くがんばったとしても、必ず成功するとは限らない。開発者をさしおいて成功した模倣者の例を考えてみよう。

●ライカは35ミリカメラの技術を開発して、何十年もリーディング・ブランドの位置にいたが、それも日本がドイツの技術を真似し、さらに改良して低価格で売り出すまでのことだった。有効な対抗手段をとれなかったライカは脇役になってしまった。

●レイノルズとエバーシャープは、ボールペンが流行しはじめた一九四〇年代後半のパイオニアだったが、ビックが安い使い捨てボールペンを売り出すと市場から消えた。

●デジタル・リサーチはパソコン用のOSであるCP/Mを開発した。最初はデジタル・リサーチのOSが標準だったが、同社がIBMパソコン用のアップグレードを怠っているあいだに、マイクロソフトが模倣OSのアップグレード版を買い取り、新たな標準OSにした。ウィンドウズが登場したあとはご存じのとおりである。

●ダイナースクラブは一九五〇年代、クレジットカードのパイオニアだった。だが資金がいちばん重要なリソースであるビジネスで、同社には資金が不足していた。いまではどこにいってもVISAだらけで、ダイナースクラブの姿は見えない。

●イギリスの航空機メーカーのデ・ハビランドはジェット機をひっさげて市場に登場したが、このジェット機は頻繁に墜落した。二番手のボーイングの大型ジェット機はもっと安全でパワーがあり、墜落しなかった。どちらが勝者になったかは言うまでもない。

●サンシャイン・ビスケットはハイドロックスというチョコレートサンドのクッキーを売り出した。ナショナル・ビスケット（ナビスコ）は一九一二年にオレオを発売した。販売網と広告力の差が勝敗を分けた。オレオはオリジナルでもなんでもなかったのに、アメリカン・

オリジナルになった。

敗者のリストはまだまだ続くが、もうおわかりになったと思う。最初に市場に商品を出すことと、トップ・ブランドに留まり続けることは違う。トップ・ブランドに留まるには、波に乗り続けるための多大の努力とエネルギーが必要だ。ジレットは替刃のパイオニアで、いまもトップ・ブランドに留まっているが、そのために絶え間ない改良を続け、(ウィルキンソンのステンレス替刃のように) 新しいアイデアで市場に参入しようとするライバルは容赦なく叩き潰す。現在、世界の替刃の六五パーセントはジレットである。ジレットを追い落とせるものは当分ないだろう。

馬鹿げたアイデアの末路

成功する一番手は直球勝負が多い。だいたいはアイデアが優れているものだ。逆に、一番手として乗り出して失敗するのは、アイデアが良くない場合が多い。

R・J・レイノルズは、最初の無煙タバコを売り出すために大金を使った。だがこのアイデアは常識に反していた。会社側としては、無煙タバコは非喫煙者にアピールするだろうと考えたのだが、残念ながら非喫煙者はタバコを買わない。

プレミアという無煙タバコの失敗で、三億二五〇〇万ドルほどが煙と (いや無煙のまま) 消えた。このタバコはなかなか火がつかず、灰も出なかったし (タバコ好きは灰を叩いて落とすのが大好きなのに）、匂いもひどかった。レイノルズの社長までが「クソみたいな匂いだ」と言ったと伝えられる。プレミアは最初の商品だったかもしれないが、馬鹿げていた。

フロスティ・ポーズは、最初の犬用アイスクリームだった。「これはアイスクリームではありませんが、愛犬はアイスクリームだと思うでしょう」と宣伝された。だが現実を見てほしい。ポチは投げてやれば何でも食べるだろう。高価なインチキ・アイスクリームが必要だろうか？　そもそも、あなたは愛犬にインチキ・アイスクリームを買う気になるか？

馬鹿げたアイデアで一番乗りをするのは馬鹿げている。成功はおぼつかない。

アイデアは形にしてこそ

一番乗りのアイデアはすばらしいが、しかし実行できるアイデアでなくてはいけない。一九九三年に創立されて一九九七年につぶれたローゼン・モーターズの悲しい例を見てみよう。

ローゼン兄弟は抜きん出た人たちだった。ハロルド・ローゼンはヒューズ・エレクトロニクスにいた技術者で、静止通信衛星の開発者。ベン・ローゼンはコンパック・コンピュータの会長で、パソコン業界では伝説的な人物だ。

二人は二四〇〇万ドルを注ぎ込み、三年の歳月をかけて、エネルギーを溜め込むフライホイールのついた動力伝達系統《ドライブトレイン》を開発した。ブレーキをかけたときに無駄に消えてしまうエネルギーを溜め、それを放出することで、タービンだけでは実現できない急発進を可能にするシステムだ。

テスト走行車としてはいいアイデアだった。だが、自動車の心臓部を外部の製造者に任せる気のないデトロイトの人々は、いいアイデアだと思わなかった。

大手の自動車メーカーは、ローゼン・モーターズのビジョンに冷たかった。彼らには彼らの考え方があり、フライホイール技術は彼らの計画にはなかったのだ。ローゼン・モーターズは失敗した。せっかくのアイデアを実行できず、希望的観測に終わったのだ。

では、エネルギーを節約するトヨタのハイブリッドカーはなぜ成功したのか？　こちらがハッピーエンドになったのは、トヨタにはビジョンを市場に売り込んで納得させるだけのリソースがあったからだ。『売れるもマーケ、当たるもマーケ　マーケティング22の法則』であげた最後の法則は「リソースの法則」だった。適切なリソースがなければ、どんなにすばらしいアイデアでも市場化に成功できない、と警告したのだが、ローゼンにはリソースがなかった。

無視された一番乗り

エアコンを取り付けようとしてイエローページをめくってみると、トレーン、フェダーズ、キャリアなどの設備会社が見つかるはずだ。広告は、「リームなら安心」「レノックスに任せて心配いらず」「お好みの温度と湿度を」「あなたの環境をカスタマイズします」などと謳っている。どこがどう違うのか、ちっともわからない。どこでも同じなのだろうか？　しかたがないからお隣に行って、どこに頼みましたか、と聞くことになる。

だがエアコンについて少し調べれば、一九〇二年にある人物が発明したことがわかるだろう。その人物の名前を知っている人は多くない。彼は発明品の改良のために人生のほとんどの時間を研究室で過ごしていたので、無名のままだったが、エアコンで快適に過ごせるのはこの人のおかげだ。彼の名はウィリス・キャリアという。

キャリア社には、自社の遺産を使って新しいデザインを加え、エアコンを再発明するチャンスがあった。「自分たちは専門家です」と言う代わりに、過去を無視せず、「われわれがエアコンを発明したのです」と言うことで差別化を図るべきだった。

ハーブ入りサプリメントで一番乗り

一番乗りを目指して、一か八かの賭けに出た商品がある。エアボーンという名のハーブ入りサプリメントは、空中の黴菌やウィルス感染を防ぐ商品として創られた。ビタミンとハーブが入っていて、「頻繁に飛行機に乗る人は高度三万五〇〇〇フィートの不健康な空気から身体を守れます。それに鼻をたらした子どもたちを相手にしなければならない先生たちにも役立ちます」というのが謳い文句だった。

アメリカのサプリメント産業の年間売り上げ額は二一〇億ドルに達する。一九九七年に登場したエアボーンは風邪予防サプリメントとしてたちまち売り上げナンバーワンになった。二〇〇六年の売り上げ額は一億ドルである。

群集心理もこのサプリの売り上げに貢献した。いまではハリウッドのセレブたちに愛用され、プロスポーツや大学のスポーツのトレーニング・スタッフにも信頼されている。

新商品が成功すれば、模倣商品が続々生まれる。エアボーンのコピー商品は露骨だった。ウォルグリーンズは、色やデザインもそっくりの箱に入った「ウォルボーン」を売り出した。ほかの製薬会社も「エアシールド」や「エアディフェンダー」を市場に投入した。だが、いまのところトップはエアボーンだ。

企業合併で他を圧倒

クランソン・インダストリーズは、パッケージの代理店――すなわち、パッケージのデザインと開発を手がけ、容器メーカーと協力しながら、顧客企業にさまざまなパッケージ・ソリューションを提供する会社――を多数買収してきた。

そして短期間で業界トップとなり、二番手の二倍の規模をもつ企業に成長した。クランソンは、傘下の二大企業トリコーとブラウンを合併させて、業界最初の大型代理店、トリコーブラウンを作った。この新しい巨大企業は、どこよりも大きな購買力をもち、デザインや開発におけるサポートでも、パッケージにかかわる複雑な問題を解決する知識でも、どこよりもまさっていた。

トリコーブラウンは大規模な見本市に参加して市場にデビューし、CEOのリチャード・グラスマンの言葉によれば「規模の小さいライバルを蹴散らした」。

一番乗りをすれば、自動的に差別化ができる。そこで頑張って模倣者を寄せつけなければ、きっと大成功するだろう。

「善行」でリードする

ミネラルウォーターのメーカーは、巨大企業から零細企業まで五〇〇社ほどある。ここにキーパー・スプリングズ・マウンテン・スプリング・ウォーターというブランドが登場した。このブランドはウォーターキーパー・アライアンスという環境保護団体が水の浄化にかかる費用を調達するために売り出した商品で、「非営利」という非常に興味深い差別化を行なった。サポーターの一人は、環境派弁護士のロバート・F・ケネディ・ジュニアだ。

この商品の独自性は、一本一本のボトルに明記されている。利益はすべて環境保護に使われる、と。このコンセプトは力強い。「これを飲めば、たいていの政治家よりも環境保護に貢献できる」というわけだ。

担当した広告会社の社長は、「差別化のポイントは非常に明確だから、その違いを強く打ち出すべきだと感じた」と語っている。なるほど。利益をすべて善行に使うというのはUSPである。それに、模倣者もあまり多くはないだろう。

誰かのアイデアを活かす手もある

地球のある地域で一番乗りになっても、同じアイデアを拝借した誰かが別の場所で「一番乗り」になることは防げない。そんな例がスペインにある。

フロリダ州フォート・ローダーデールで育ったフェルナンデス・プハルスは、ドミノ・ピザの宅配というアイデアを遠慮なく拝借した。「テレピザ」というすばらしいブランド名を思いつき、八万ドルかけてマドリッドで最初の宅配ピザを始めたのだ。

それから一〇年あまり、テレピザは六カ国に六〇〇近い店舗をかまえている。プハルスの「借り物の一番乗り」は、いまや一八億五〇〇〇万ドルの価値がある企業になった。

トマス・エジソンも「誰かが新しくて興味深いアイデアで成功していないか、いつもアンテナを張っておきなさい」と助言している。

言い換えれば、観察眼が鋭いおかげで一番乗りできる場合も多いのである。

12章

差別化③「特色」を模索する

特色という言葉はマーケティングでよく使われるが、意味が広すぎて正しく理解されていないようだ。そこで、まず何を指して特色と言っているのかをはっきりさせよう。

第一に、特色とは人やモノの性質であり、特異性であり、明らかな特徴である。

第二に、人やモノの特色はたくさんある。性別や身体の大きさ、知性、スキル、魅力などは人によってそれぞれだ。商品にも違った特色がある。たとえば歯磨きでも、虫歯予防、歯垢除去、味、歯を白くする効果、息をきれいにする効果などの面で違いがある。

特色で独自の存在になる

特色の一つで有名になると、その人や商品は独自の存在になる。マリリン・モンローはセクシーな魅力で有名だ。クレストの歯磨きは虫歯予防で有名。マリリン・モンローは高い知性の持ち主だったかもしれないが、そんなことは重要ではない。マリリン・モンローが特別なのはセクシーな美女だったからだ。クレストの特色も虫歯予防で、味は重要ではない。

何か特色をもっていれば、商品やサービスの差別化要因としてはピカ一だ。

だが注意してほしい。ライバルと同じ特色やポジションではだめなのだ。他にはない特色を探さなければならない。

企業は多くの場合、リーディング・カンパニーを真似たがる。「向こうは良い手を知っているに違いない、だから同じことをやろう」。理屈は通っているが、これはいい考え方ではない。それよりも、反対の特色を探してトップと対抗したほうがいい。キーワードは反対の特色ということ。似ていてはいけない。

コカ・コーラはオリジナルで、だから年配者に選ばれていた。これに対して、ペプシは若い世代のチョイスというポジショニングで成功した。

バーボンの世界は二つのJ、つまりジム・ビームとジャック・ダニエルに支配されている。そこでメーカーズ・マークは独自の特色を設定して、少量生産の商品の魅力を強調した。「手作りのバーボンだからこそのなめらかでソフトな味わい」である。

クレストには虫歯予防という特色があったから、他社の歯磨きは虫歯予防ではなく、味や白い歯効果、息をきれいにする効果、それに最近ではベーキングソーダ入りなどという特色を宣伝している。

あなたの会社がリーダーでないなら、キャッチコピーは焦点をぐっと絞らなくてはいけない。もっと重要なのは、その商品カテゴリーで「いままで使われていない」特色であること。誰かが先取りした特色は使えない。

重要なのはフォーカス

商品やサービスのメリットがシンプルではっきりしていること、それがいちばん効果的な特色だ。商品がどんなに複雑であっても、マーケットのニーズがどれほど複雑であっても、二つ、三つ、四つと広げるよりは、いつだって一言あるいは一つのメリットにフォーカスして、それを守り続けたほうがいい。ペプシがコカ・コーラとはっきり区別できるのは、それが若者志向だからだ。「ジョイ・オブ・コーラ」などというスローガンで宣伝すればするほど、ペプシの差別化のポイントは失われてしまう。

それに「後光効果《ハロー》」というものもある。あるメリットで評価が確立すると、消費者はほかのメリットも付け加えてくれるのだ。「濃厚な」スパゲティソースなら、品質が良く栄養価も高くていいものだ、と思ってくれる。「安全な」車なら、デザインもエンジンも優れているはずだと考えてもらえる。

意図してかどうかは別として、成功した企業やブランドは、消費者の心に刻まれる「決め手の一言」をもっている。そのような一言、あるいは特色のバトルを見ていこう。

独占の法則

特色といっても、なんでもいいわけではない。「消費者にとって重要な特色」でなければ効果はない。

歯磨きにとっては虫歯予防がいちばん重要な特色だ。だからその特色を手に入れるべきなのだが、わたしたちが「独占の法則」と呼ぶものがあって、ライバルが自分のものにした特色は使えない。そのときは次善の特色を自分のものにして、少ない市場シェアから出発する。違う特色をつかみ、その特色にスポットライトをあてて派手にアピールして、シェアを伸ばす努力をするのだ。

何年か前に自動車業界で起こったのもそういうことだった。まずドイツが、次に日本が新しい特色をひっさげてデトロイトに攻め込んだのである。

自動車と独自性の関係

デトロイトは「大きくて」「パワフルで」「快適」という特色をつかんで、何年も自動車業界を支配していた。

そこへフォルクスワーゲンがやってきた。「経済的」で「信頼できる」「不細工な」最初の「小型」車である。デトロイトは笑い捨てた。「アメリカ人は大きくて見映えのいい車を欲しがっている。それを裏づける調査だってちゃんとある」と。

次にもっと見てくれのいい日本の小型車がやってきた。たちまちデトロイトは笑っていられなくなった。一九九七年の小型車の売り上げは一三〇万台、そのうち四〇パーセントは日本車とドイツ車で占められたからだ。

ガソリンが一ガロンあたり三ドルする現在も、この傾向は続いている。自動車関連情報で有数のウェブサイト「エドマンズ・コム」によると、二〇〇七年五月現在、アメリカで小型車が自動車全体の売り上げに占める割合は二一パーセントという記録的な数字になった。小型車ブームはとくに日産に有利で、同社の売り上げは前年比で二桁の伸びを示した。

ではデトロイトの三大自動車メーカーはどうか？　小型車が好まれる傾向が続いていることは、ライバルほど小型車のニューモデルをもっていないGM、フォード、クライスラーにとって不吉な予兆だ（デトロイトの自動車会社の販売や利益はSUV＝スポーツ用多目的車やトラック頼みの面が大きい）。

自動車各社を調べてみると、最強のブランドはそれぞれ重要な特色を自分のものにしていることがわかる。

BMW	運転性能
ボルボ	安全性

メルセデス	技術
ジャガー	スタイル
トヨタ	信頼性
フェラーリ	スピード

シボレーや日産、マーキュリーなどのブランドが弱いのはフォーカスが不徹底で、独自の特色をもっていないからだ。

ジレットの姿勢に学ぶ

ジレットは自社商品にない新しい特色をもつ商品が出現したとき、決して笑い捨てたりはしない。同社は世界最大のカミソリ刃メーカーとして、ハイテク・カミソリとカートリッジを中心に事業を展開しているが、フランスの新興企業が「使い捨て」というまったく新しい特色を持ち込んだときどうしたか。ジレットは、アメリカ人はどっしりと高性能で高価なカミソリが好きなのだという調査結果を持ち出して笑い捨ててもよかっただろう。だが、そうはしなかった。

ジレットはグッドニュースという独自の使い捨てカミソリを開発して売り出した。そして豊富な資金に物を言わせて、使い捨てカミソリの市場でも勝利を獲得したのである。

現在、グッドニュースは使い捨てカミソリの市場で圧倒的なシェアを占め、使い捨てカミソリというカテゴリーもカミソリ市場で圧倒的なシェアを占めるまでになった。ジレットの事例から得られる教訓は、新しい特色がどれくらいのシェアをもつか予想できない以上、決して馬鹿にしてはいけない、ということだ。

高くついたマスターカード

クレジットカードのＶＩＳＡは「どこでも使える」という特色を自社のものにして優位に立ち、現在、一兆一六〇〇億ドルのクレジットカード利用額のうち、五三パーセント近くを占めている。一九八五年には四四パーセントでマスターカードとほぼ肩を並べていたが、いまではほかのカードの二倍以上の市場シェアである。

マスターカードの問題は、独自の特色を打ち出さず、ＶＩＳＡの真似をしようとした点にある（とんでもない間違いである）。ＶＩＳＡが世界じゅう旅行して「どこでも使える」と華やかな広告を出したなら、マスターカードは「毎日使うカード」にフォーカスすべきだった。食料品店やガソリンスタンドなど「街の商店街で使うカード」として（少なくとも「お金では買えないものがある。買えるものはマスターカードで」というキャンペーンはこの方向に沿っている）。

別の独自性を打ち出さなかったのは、マスターカードにとって高くつく教訓だった。

小売業の特色

大手のチェーン店が角突きあわせる大規模小売業界ほど、闘いが熾烈なところはない。じょうずに差別化したところはうまくいき、差別化できないところは敗退する。最大の、そして最もタフなチェーン店はウォルマートだろう。この店の特色は非常にわかりやすい。「エブリデー・ロープライス」だ。ウォルマートにはこのキャッチフレーズを実行する体力も技術もある。

二一〇億ドル規模の「ターゲット」も、「ディスカウントでもしゃれたショッピング」を打ち出して、みすぼらしい安売り店のイメージを振り払った。ターゲットの差別化戦略は「大衆的だが高級感がある」。広告宣伝やしゃれたデザインの商品で、この特色を裏づけている（ターゲットのファンはフランス風に「タルジェ」と発音したりする）。

売り上げ規模四〇億ドルの地域ディスカウントショップ、エイムスは、ウォルマートより低所得者層を狙って生き残りを図った。そして打ち出した特色は「高級感のない大衆性」といったところか。この路線でコストを削減し、労働者、中高年、身体の大きい人たちに向けた商品を並べた。だがウォルマートより下を望む者は誰もいなかった。エイムスは消えた。

カルダーは北東部に一四〇店舗を展開する一大チェーンだったが、差別化すべき特色が何もないまま、一九九九年はじめに葬られた。

バーガーキングの勝機は「おとな」

バーガーキングはかつてマクドナルドの真似をして「速さ（ファスト）」を特色にしようとして失敗した。どうすればよかったのか？　正反対の特色といえば「遅い（スロー）」だが、ファストフードの業界では受けない（「あなたの望みどおりのバーガー」というバーガーキングのコンセプトにはスローの要素もあるが）。

マクドナルドをちょっとのぞけば、もう一つの特色がわかる。「子ども」だ。子どもたちが親を引っ張って行くのがマクドナルドで、店にはちゃんとブランコもある。そこに目をつければ、コカ・コーラとペプシの闘いで鮮明になったチャンスが見えてくる。マクドナルドが子どもなら、バーガーキングは（子どもと見られたくない子どもを含めた）もっと年上の人たちの店という位置づけをすればいい。これで一〇歳以上なら誰でもターゲットになる（悪い市場ではない）。

このコンセプトをはっきりさせるために、バーガーキングは幼い子どもたちはマクドナルドに任せるべきだろう。ブランコは撤去して、「幼稚園」をマクドナルドに譲ることだ（何かを犠牲にすることについては21章を参照）。

消費者にバーガーキングのコンセプトを印象づけるには、キャッチフレーズも必要だ。「おとなになる《グローアップ》」はどうだろう。おとなになれば、火で炙《あぶ》ったバーガーキングのバーガーの味がわかる。

だが、バーガーキングはこういう路線をとっていない。だからマクドナルドの優位はなかなか揺るがない。

水の特色

水のような一般的な商品でも、特色を打ち出して差別化することができる。市場では間違いなく熱い商品で、アメリカのミネラルウォーターの売り上げは一一四億リットルを超えている（炭酸入りソフトドリンクは五五三億リットル）。マーケティング関係者にとってはボトル入りの黄金だろう。なにしろただの水に消費者がお金を払ってくれるのだ。世界じゅうで水戦争が始まっているのも不思議ではない。たとえばベルギーにはブルというブランドがある。アルデンヌ地方の軽い発泡性のあるミネラルウォーターだ。もっと正確にはアルデンヌ地方のアングレーブ渓谷にあるストゥモンという保護地区が水源である。

ベルギーの軽い泡

ブルは、ミネラルウォーターと発泡性ミネラルウォーターの中間で、軽い泡を含んでいるだけの、これといった個性がない商品だ。

しかし、ブルのメーカーが「軽い泡」を「パール（真珠）」と呼んで特色として打ち出すと、売り上げは一九八一年の一〇〇〇万リットルから一九九六年には四二〇〇万リットルに増えた。いまでもベルギーにある五〇種類のミネラルウォーターのなかでリーディング・ブランドの一つである。

アルゼンチンの低ナトリウム

アルゼンチンでナンバーワンのミネラルウォーターはビジャビセンシオという山の湧き水で、三〇パーセントのシェアを得ていた。もう一つの山の湧き水であるECOデ・ロス・アンデスのシェアは一〇パーセントだった。

ECOがシェアを伸ばすには、リーディング・ブランドと差別化する何かを見つけて、消費者を納得させなくてはならない。ラベルを見比べれば、違いは歴然だ。ビジャビセンシオは水源の影響で、ECOに比べてナトリウム含有量がとても多い（一・五リットル・ボトルで、ECOの一〇・四ミリグラムに対し、ビジャビセンシオは二七二ミリグラム）。興味深いことに、ECOのナトリウム含有量はアメリカ心臓協会が推薦するナトリウム摂取量にぴたりと一致している。

そこで低ナトリウム含有量のECOは「低ナトリウムの山の湧き水」として売り出すことにした。USPを獲得したECOは、ヘルシーになっただけでなくリーディング・ブランドとの差別化にも成功した（ロッサー・リーブスが拍手してくれるだろう）。

ライバルのネガティブな特徴を活用する

マクドナルドを「幼稚園」と見なしたり、ビジャビセンシオは「ナトリウムが多い」と強調するのは、ライバルにネガティブな特徴を与える例だ。自社の特色を明確にするには非常に効果的なやり方で、わたしたちはこれを「リポジショニング」と呼んでいる。

マウスウォッシュのスコープは「味がいい」と謳うことで、ライバルのリステリンは「まずい」と印象づけた（簡単な方法だ）。

BMWはメルセデス・ベンツを相手に、「究極のシッティング・マシン」対「究極のドライビング・マシン」と位置づけた。メルセデスをハンドルのついたリビングルーム扱いすることで、BMWの運転性能のすばらしさを一挙にアピールしたのである。

自社の独自性を打ち出すと同時に、ライバルのネガティブな特徴を印象づけられれば、宣伝効果は二倍になる。

二〇〇六年の選挙でわたしたちが民主党にアドバイスしたのは、共和党は「無能」だと主張し続けろ、ということだった。おかげで共和党がごたごたしているあいだに、民主党は上院の優勢を取り戻すことができた。

ニュージャージーの「輸血のない」医療

特色は、生み出さなくてはいけない場合もある。

ニュージャージー州のイングルウッド病院メディカルセンターがそうだった。ニューヨーク周辺の三州が接する地域にある八二の病院と差別化するためにイングルウッドが創り出した特色は

「輸血のいらない手術」だった。

発端は、信仰上の理由で輸血を拒否するエホバの証人の患者を助けようという努力だった。だが輸血のいらない治療法が確立されると、エホバの証人だけでなく一般の人々をも惹きつけた(誰だって自分の血を失いたくはない)。

輸血なしの医療にはほかにも大きなメリットがあった。免疫システムへの負荷が少ないので、術後の患者の回復が早い。それに感染率も低い。「無輸血治療」という特色を開発して自らのものにしたことで、この病院は強力な差別化に成功した。

- 各科の医師二〇〇人以上が無輸血治療の手法を学び、その後、国じゅうのほかの医師たちに教えた。
- 病院が主催した「女性のための無輸血治療に関する会議」には九〇〇人が参加した。
- 治療を受けた患者は二万人以上で、イングルウッドは無輸血治療で全国一になった。
- いまでは患者が国内三〇州、海外二〇カ国からわざわざやってくる。

ニューヨークの「小さな」病院

病院によっては「規模」が価値のある特色になる。規模の小ささえも。

ニューヨーク州ビンガムトンから北へ一時間のところに、シェナンゴ・メモリアル・ホスピタルがある。ベッド数一二〇の地方病院で、数年赤字が続き、士気も低下していた。だが二〇〇四年に起死回生の努力が始まり、病院は自らのポジションを考え直した。「セントラル・ニューヨークで最高の小さな病院」。それがシェナンゴが新たに打ち出した独自のポジションであり、テーマだった。院内すべての人のプライドが刺激され、患者や医師、職員、理事、そしてボランティアたちまでが奮い立った。患者たちの期待に応えようという機運も生まれた。

それから三年、病院は赤字から脱し、経営は安定している。病院のイメージはいままでで最高で、市場シェアは四〇パーセントから四六パーセントに増えた。

小さいことは良いことだ。

マサチューセッツの「大きな」美術館

博物館は、必ずしも大きいほうが良いとは限らない。なかには、迷路のような廊下をさまよいつつ見て歩くのに何日もかかる大博物館もある。

だが現代美術に関する限り、規模は重要だ。現代美術には巨大な作品がある。「1／4マイルあるいは二ハロン」〔訳注：ともに約四〇〇メートル〕というロバート・ラウシェンバーグの作品のタイトルは決して誇張ではない。ほとんどのギャラリーは、この怪物を展示することなど思いもよらない。

マサチューセッツ州ノースアダムズのバークシャーにあるマサチューセッツ現代美術館（MASSMoCA）では、一つの展示館がフットボール場ほどの大きさで、もう一つは天井までの高さが十二メートルあまりある。ここはアメリカで最大の（たぶん世界でも最大の）ビジュアル及びパフォーマンス・アートの殿堂として誇り高い差別化に成功している。

これだけのスペースがあるのはなぜか？　MAASMoCAは、一九世紀には工場群があった五万三〇〇〇平方メートルもの広大な敷地に建てられたからだ。現在は、六つの建物が二万三〇〇〇平方メートルのギャラリーと劇場スペースに模様替えされている。

マサチューセッツの「シンプルな」イントラネット

ある特色をものにすることで、時代環境を味方につけられる場合がある。現在のハイテク・ネットワークの世界でもその事例は見つかる。

企業は自社内、あるいは顧客とのイントラネットを構築しようとするが、そのためには外部の専門家による複雑な作業と多額の費用が必要だ。そこでイントラネティクスは、企業が基本的なアプリケーションを簡単にインストールしてカスタマイズ化し、顧客やパートナーとのネットワークを作ることができるソフトウェアを開発した。

そして「ついに完成。パワフルなイントラネットをシンプルに構築する方法」とアピールした。複雑な世界では、シンプルという特色を先取りできればいつだって効果がある。

だがインターネットの世界で生き残ることはそうシンプルではない。イントラネティクスの歩みを見てみよう。

●創業チームは当初、販売サイクルの長さと投資リターンの低さに失望した。「一九九八年、イントラネットはIT関係者にとっても曙光《しょこう》にすぎなかった。われわれは二年、早すぎた」と創業者の一人は言っている。

●そこで、無料のオンラインサービス、イントラネッツ・コム(Intranets.com)に衣更えして、インターネットのバナー広告で稼ぐことにした。これはすぐに成功。絶頂期には一カ月あたりの利用時間が六六万時間を超えた。

●その後ITバブルがはじけ、インターネットの広告収入も低迷した。会社は七五人のスタッフのうち四五人を解雇した。

●ところが、イントラネッツ・コムが有料会員向けのサービスを始めると、これが当たって再生した。会員になって同社のコミュニケーション・ネットワークに参加すれば、「コラボレーション・ソフトウェア」を利用できる。ウェブを使った電話会議もできる。このサービスに料金を払って参加する企業は一万社にまで増えた。

●そしてハッピーエンド。二〇〇五年、シスコ・システムズの子会社で四億ドル規模のウェブエックス・コミュニケーションズが、四五〇〇万ドルでイントラネッツ・コムを買収した。

ウェブエックスは、中核市場のなかでも中小規模（従業員一〇〇人程度）の企業に標的を絞って急激に追い上げていたライバルを吸収したのである。

「グリーン」は差別化になるか？

最後に、環境そのものはどうだろう？

環境保護の意識が高まっている時代、「グリーン」であることで差別化できると思っている人たちは多い。だが、結論はまだ出ていない。議論は両極端に分かれる。

一方の経営評論家たちは、グリーンであることはペイすると主張する。野心的な環境保護目標を掲げる企業は利益を増やせる、と。もう一方の評論家や経営幹部は、企業の目的は株主の利益を図ることであって、環境保護を目標にするのはあまり現実的ではない、と強調する。

いずれにせよ、企業が環境保護を差別化戦略に用いて成功するためには、次の三つの条件を満たす必要がある。

①顧客に、環境保護のために金を払う意志がある、またはその意志を生み出せること。
②自社の商品が環境保護に役立つという信頼できる根拠を示すこと。
③環境保護に役立つイノベーションは、ライバルに真似されないものであること。

言い換えれば、環境保護で差別化するのは生易しいことではない。わたしたちの考えを述べれば、もちろん企業は良き市民でなくてはならないが、差別化については別の方法を探したほうがいい。

13章

差別化④「業界リーダー」を目指す

業界のリーダーであること、これは非常に強力な差別化になる。自社および自社ブランドを信頼してもらう最も直接的な方法だからだ。信頼されれば成功は保証される。

それにリーダー企業として信頼されれば、ブランドについてどんなことを言っても信じてもらえるだろう（なにしろリーダーなのだから）。

大きさは尊敬につながる

人は大きいことを成功や地位やリーダーシップと同一視する傾向がある。とにかく大きければ尊敬するし、感心する。

心理学者のハンス・アイゼンクとマイケル・アイゼンクが書いた『マインドウォッチング』（新潮社）という本に出てくる有名な研究がある。

「ミスター・イングランド」という人物がアメリカの大学のいくつかのクラスで紹介された。紹介の言葉は「ケンブリッジ大学の学生のミスター・イングランドです」と、「ケンブリッジ大学のイングランド教授です」の二種類だった。

その後、学生たちにミスター・イングランドの身長を推測させた。教授として紹介されたときの推定身長は、学生として紹介された場合に比べて一二センチ以上も高かった。

大きいことは収入の面でも得になる。ピッツバーグ大学の男子卒業生を対象にした調査では、とくに背の高い学生たち（一八七センチ以上）の平均初任給は、一八〇センチ以下の学生に比べて少なくとも一二パーセント多かったという。

ビジネスの世界でも同じことが言える。この世界で身長にあたるのは売り上げか市場シェアだ。

リーダーはカテゴリーの代名詞になる

強力なリーダーは、あるカテゴリーの商品の代名詞になる。連想ゲームをしてみるとリーダーかどうかわかるだろう。

コンピュータ、コピー機、チョコレート、コーラという言葉からまず連想するブランドは？　IBM、ゼロックス、ハーシー、コカ・コーラだろう。

そこで、目先の利くリーダーはさらに一歩進めて、そのポジションを地固めする。ハインツはケチャップの代名詞だが、ケチャップの最も重要な特色をも独占した。「世界でいちばんゆっくり出るケチャップ」――このキャッチコピーで、「濃厚」という特色をいち早くものにしたのだ。ハインツは五〇パーセントのシェアを維持している。

遠慮せずに自慢しよう

リーダーであることにはこれほどの強みがあるにもかかわらず、自社がリーダーであると言いたがらない企業は多い。どうしてかと聞くと、返ってくる台詞はいつも決まっている。「われわれは自慢したくない」

自慢しないリーダー、これはライバル企業にとっては願ったり叶ったりだろう。苦労して山の頂上に登りつめたなら、ちゃんと自分の旗を立てて写真もとっておいたほうがよろしい。

リーダーであることをじょうずに表現する方法は必ず見つかるはずだ。たとえばこんなすばらしいスローガンがある。「一二〇〇万人の投資家に信頼されているフィデリティ・インベストメンツ」

業界リーダーである自社の業績をきちんと打ち出さないなら、二位のライバルがその地位を奪ってしまうかもしれない。

まさかとお思いなら、こんな事例を紹介しよう。

ブラジルのナンバーワン・ビールは?

ブラジルでは長年、ビールといえばアンタルチカとブラーマだった。アンタルチカがナンバーワン、ブラーマは僅差で後を追っていた。

だがあるとき、ブラーマはうちが業界トップ、ナンバーワン・ビールだというキャンペーンを始めた。ナンバーワンを示す人差し指の店頭広告も展開した。このキャンペーンを始めたとき、まだナンバーワンはアンタルチカだったが、同社は旗を立てていなかったから、誰もそのことを知らなかった。

事態が落ち着いたとき、ナンバーワンになっていたのはどこか？　そのとおり。ブラーマだ。自分たちが飲んでいるビールがナンバーワンでないと思った消費者は、急いでブラーマに乗り換えた。最初は偽りだったことが真実になった。

教訓——人は敗者を愛するかもしれないが、金を出して買うのは勝者なのである。

ちなみに、この物語はハッピーエンドで終わった。アンタルチカとブラーマは合併した。だからいまでは、どちらもナンバーワンというわけだ。

リーダーであると宣伝し続けたハーツ

ハーツは業界リーダーであることを遠慮なく公言している。業界リーダーという立場をいつも鮮明にして収益に結びつけている典型的な事例だ。

現在のキャッチコピーは、「ハーツとハーツ以外があるけれど」である。ハーツのマーケティング・セールス担当上級副社長のブライアン・ケネディは言う。「『ハーツ以外』という言葉で、うちとライバルを明確に区別している」

このコピー以外にも、ハーツには業界リーダーであることを打ち出してきた長い歴史がある。レンタカー・ビジネスの黎明期《れいめいき》には、空を飛んできた人がそのまま車に乗るCMと「ハーツで運転席に座ろう」というコピーでアピールした。

ナンバーワンの地位を確実にしたハーツは、さらにサービスを増やした。「いちばんビッグだからこそ、がんばらなくてはいけない。当然です」

一九七五年にはO・J・シンプソンが空港を走り始めた。彼は「レンタカーに乗るスーパースター」。ハーツもスーパースターだった。

その後も「車をレンタルするナンバーワンの方法」「勝者のレンタカー」などのバリエーションが次々と現われた。

ビジネスマンだけでなく観光客もターゲットに加えると、「すべての人にとってのナンバーワン」そして「アメリカの足」になった。

ハーツは何十年もアメリカ人が大好きなトップというイメージを売り込み続けてきたのだ。変わり映えがしない？　だが、「ワンパターン」のハーツは、アメリカでの売り上げが一三億ドル、一四〇カ国に五〇万台のレンタカーを配備し、市場シェアは三〇パーセントである。

世界最大のレンタカー会社はどこか？　もちろん……。

リーダーにもいろいろある

一口にリーダーといってもいろいろなリーダーがあるが、どれでも強力な差別化になる。

売り上げのリーダー　業界リーダーの戦略で多いのが、売り上げナンバーワンと宣言することだ。アメリカで販売台数が最も多い車はトヨタのカムリだ。だが、ほかのブランドも数え方を変えれば売り上げナンバーワンを主張することができる。リンカーンはラグジュアリーカーのトップ。クライスラーのダッジ・キャラバンはミニバンのトップ。フォード・エクスプローラーはSUVのトップ。人はみんなが買うものを買いたがるから、このアプローチは効果がある。

技術のリーダー　新技術開発の歴史がある企業なら、技術面でのリーダーということで差別化できる。オーストリアにはレンチングというセルロース繊維メーカーがある。売り上げはトップではないが、「ビスコース繊維（レーヨン）技術では世界のリーダー」だ。同社は新しいレーヨンの開発や改善でさまざまな技術革新を果たしてきた。また、シンシナティにはミラクロンという工作機械製造メーカーがあるが、ここも「工作機械の製造技術では世界のリーダー」の一つだ。非常に幅広いプラスチック成型機械や切削ツールの技術をもっている。新技術を開発した会社は評価が高い。差別化に有効だ（人は、そういう会社なら商品や技術に詳しいと考える）。

科学のリーダー　これは技術のリーダーのバリエーション。それぞれのカテゴリーで科学面のリーダーだという企業がある。ゴアテックスなら皮膜科学、3Mなら接着の科学、リニア・テクノロジーならパワーマネージメント半導体の科学、エドワーズ・ライフサイエンスなら心臓弁の科学である。

わたしたちのお気に入りは、ガラスの科学では誰が見ても世界一であるコーニングだ（ニューヨーク州コーニングには同社のガラス博物館まである）。スチューベングラスもコーニングのブランドだし、現在フラットスクリーンのテレビに使われている液晶ディスプレーの五八パーセントにコーニングのガラスが使われている。信用の裏づけとしては充分だろう。

「いかにリーダーになったか」という物語

リーダーであることを元に、いかに自社がナンバーワンになったかというすばらしい物語を展開することができる。前にも言ったが、人はリーダーの話なら信用する。

アイスクリームの最大手ドライヤーズ・グランドには二つのブランドがある。ロッキー山脈の西側で展開されているブランドはドライヤーズ、東側はエディズだ（このブランド名は二人の創業者、ウィリアム・ドライヤーとジョゼフ・エディにちなんでいる）。

同社はこの二つのブランドでアメリカのアイスクリーム業界のリーダーになった。ドライヤーズ・グランドは売り上げで独自のポジションを確立したのだ。

だがもう一つ、同社をナンバーワンに押し上げる力になった独自性があった。小売店への配送だ。ほかの大手ライバルと違って、同社は自社の冷凍トラックと専門スタッフを使って小売店にアイスクリームを届け、陳列している。おかげで配送業者の冷凍庫に保管する必要がなくなり、新鮮な商品が届けられる（冷凍庫はアイスクリームの大敵だ）。「すばらしいアイスクリームを作るには繊細な心配りが必要」というのが、この企業の哲学なのである。

直接配送システムとリーダーの物語が基礎にあるから、ドライヤーズ・グランドは「アメリカでいちばん気に入られているアイスクリーム」だと説得力のある主張ができる（同社の成功の証しは、ユニリーバに高額で買収されたことだろう）。

良いポジションは維持しやすい

企業を強くするのは商品でもサービスでもない。消費者の意識に占めるポジションだ。タイトリストのゴルフボールの強さは、飛距離ではなく、業界リーダーというポジションにある。そして業界リーダーの地位に留まり続けるのは、それを獲得するより簡単だ。

なかにはリーダーの地位を奪った企業もある。クレストは、アメリカ歯科医師協会のお墨付きを得たおかげでトップの座を奪った（皮肉なことに、その後コルゲートが殺菌力のある歯磨き「トータル」でトップの座を奪い返した）。デュラセルは、アルカリ乾電池のおかげでトップにのし上がった。バドワイザーはビールで、マルボロはタバコで、同じくトップの地位を奪った。だがこれらは珍しい事例である。

一九二三年以降の二五のリーディング・ブランドを調べた調査でも、そのうち二一のブランドが、いまもトップを保っている。二位が三社、五位が一社だ。

ランキングの入れ替えさえ、そうしょっちゅうは起こらない。マーケティングが競馬だったら、死ぬほど退屈なレースだろう。第二次世界大戦後の五六年間で、アメリカの自動車メーカーのトップ三社のランキングが入れ替わったのはたった一度だ。一九五〇年にフォードがクライスラーを抜いて二位になった。以来、ランキングはGM、フォード、クライスラーで変わらない。じつに退屈ではないか（もちろん、これはトヨタの登場以前の話）。

企業やブランドのランキングが何年も変化しないというマーケティング・レースの「固定性」からわかるのは、まず良いポジションを確保することがきわめて重要だということだ。ポジションを改善するのは非常に難しいが、いったん良いポジションを確保すれば守るのは比較的簡単なのである。

トップの座を獲得したら、必ず市場にそれを知らせなくてはいけない。業界リーダーであることを当然と思い、その地位を活用しない企業が多すぎる。これではライバルに大きく扉を開いているのと同じだ。チャンスをつかんだら、ライバルの面前で扉を閉めてしまわなければならない。

棒つきキャンディのリーダーは？

どんな商品カテゴリーにもリーダーはいるが、どのリーダーも名前を知られているとは限らない。棒つきキャンディはどうだろう。もちろん誰でも小さいときからしょっちゅう目にしているはずだが、世界一売れている棒つきキャンディのブランドを聞かれても、見当がつかないのではないか。

だがリーディング・ブランドは二位のブランドの倍も売れていると言えば、へえ、と思われるかもしれない。この会社は一七〇カ国で棒つきキャンディを売っていると知ったら、さらに興味を引かれるのではないか。そして、彼らは一日に二〇〇〇万本の棒つきキャンディを生産し、一年分のキャンディをつなげたら地球を一二周するという事実を知ればびっくりするはずだ。

その棒つきキャンディの名前はチュッパチャプス、世界でいちばん人気のある棒つきキャンディだ。スペインのバルセロナに本社がある。

業界リーダーの違いがおわかりになっただろうか？

14章

差別化⑤「伝統」で勝負する

10章で心は不安定だという事実を取り上げた。そして不安定な心を落ち着かせるのに役立つ戦略なら何でも有効だとも述べた。

「伝統」には商品を際立たせる力がある。伝統が強力な差別化になるのは、人の心に「長い歴史があることは大切だ」という自然な思いがあって、伝統のある商品を選べば安心できるからだ。

どうしてそう思うのか。たぶん長い歴史がある会社なら仕事を心得ていると感じるからだろう。そういう会社ならきっといい仕事をしているに違いない、と思うのだ。

だが中国や日本のように老人が尊敬されている国々と違って、アメリカの文化には老齢を嫌う傾向があり、誰でも若くありたいと願う。「老いた賢者」とは、もう終わっている、遅れている、という意味である。

伝統の心理学

どうして伝統に意味があるのかについて、消費者心理学が専門のキャロル・ムーグ博士はこんなふうに答えてくれた。

伝統が心理学的に重要なのは、おそらく、伝統には継続する流れに連なる力があるからです。その流れは、人を生き続ける権利に結びつけるきずなとなり、人間は生きては死んでいくけれど過去は次の世代に受け継がれていく――という歴史に結びつけるきずなになります。つまりその結びつきは、不死との結びつきなのです。遺産を受け継いでいる感覚がなく、自分の先祖を知らなければ、人はよりどころもなく、感情的なつながりを断ち切られ、打ち捨てられて孤独で無力になります。過去とのつながりがなければ将来を信じることも難しいでしょう。

受け継いだ伝統を強調するのは継続性を強調することになり、過去から未来へ続く流れによって死を克服することを強調しているのです。そんな流れをもっている企業や商品は、消費者に生命の流れとの力強いきずなを感じさせます。受け継がれる伝統には、祖先の生命の息吹があります。継続性が取り込まれて、血と肉になっている。人々はより大きな存在となって、生命は続いていく。企業のような存在が伝統を踏みにじったり忘れたりすれば、文字どおり信頼のきずなを破壊し、そのきずなを頼りにしていた人々を見捨て、失望させ、感情的な麻痺状態におしやることになります。不信、シニシズム、無気力が売り上げに貢献するはずはありません。

そのとおり。伝統について知りたかった、でも怖くて聞けなかったことがすべて説明されている。

「長い歴史」でリーダーになれる

そこには、「長い歴史があるなら業界リーダーに違いないと認めてもらえる」という現実もある。たとえ最大手ではなくても、長い歴史という面では確かにリーダーに違いない。マーケティング担当者が、差別化の方法の一つとして伝統や文化を誇示しようとするのも不思議ではない。

一九一九年、すでにスタインウェイのピアノは「神々の楽器」と広告している。

最近ではクロスのペンが「一八四六年創業、非の打ちどころのないクラシック」と高らかに宣言した。

有名なオークション・ハウスのサザビーは一七四四年創業を謳っている。世界初のオークションハウスの誕生は一六七四年だが、サザビーはじょうずに入札価格を一世紀分、吊り上げた。

グレンリヴェット・スコッチは「すべてのスコッチの父。グレンリヴェット醸造所は一八二三年の法律のもとで最初に国王陛下の政府に公認され、ハイランド地方でシングルモルト・ウィスキーを作り始めた」と、その伝統を強調している。

バドワイザーもときどき「一八七六年から続くアメリカのクラシック・ラガー」という伝統を謳う（この広告のほうが、トカゲがカエルについてつべこべ言うCMよりはるかに良い）。

このようなブランドのなかには業界リーダーもあるが、そうでないところもある。しかしどれも大変印象が強いし、差別化に成功している。

古さと新しさのバランス

だが伝統だけでは充分でないこともある。AP通信の経済記者は「近年、どこの会社も消費者の耳に心地よい伝統と、事業の成功に欠かせない先進性をうまく混ぜ合わせた新しいマーケティング戦術を編み出している」と書いている。

ウェルズ・ファーゴ・バンクの前身はポニー・エクスプレスと駅馬車だが、同社はこの伝統をうまく活かしてシンプルなキャッチフレーズを作った。「昔も速く、今も速い」。昔と今の違いは、現代の駅馬車は最新のコンピュータ・ネットワークを光速で旅するというところだろう。

L・L・ビーンはカタログ販売からオンラインに進出し、女性用衣料も手がけるようになった。だが、注意深くニューイングランドのイメージを維持している。同社のスポークスマンは「古い定番の良さを失わずに、次の世代にアピールする」と言っている。

チリソースのタバスコの成功は、伝統重視と未来志向をうまく組み合わせた良い例だろう。同社の広告はルイジアナの湿地やオークの樽で熟成させた唐辛子のマッシュなど、昔ながらの南部のイメージを打ち出しているが、この会社には同時にタバスコ・ネクタイやケイジャン・クッキング・フェスティバル、ルイジアナのオイスターバーで生まれたタバスコ風味の新しい飲み物など、トレンディで現代的な面もある。とくに人気のあるのはテキーラにタバスコを一振りしたプレイリー・ファイアという飲み物だ。「さまざまな面で釣り合いをとりながら、マーケティング上で必要なことをやっているんだ」と、社長のポール・C・P・マキレニーは言う。

「アメリカの歴史には変化する市場に適応できなかった企業の物語があふれている」と語るのは、ホフストラ大学で経済史を教えているロバート・ソーベル名誉教授だ。「社長が『この商品はわたしの父が考案した。父の記念碑なんだ。わたしの在職中は作り続ける』と言い出したら危険だ。もちろん四年後にその社長はいないだろう。過去にどっぷりと浸っていたら、失敗する」

政治と法律の世界でも

ジョージ・W・ブッシュが大統領候補として易々と成功したのはなぜか？

彼はテキサス出身の「思いやりのある保守主義者」だった。思いやりのある保守主義とは何のことか？　誰にも確かなところはわからなかった。だがジョージ・W・ブッシュの家系に大統領がいることは確かだった（風采も元大統領である父親によく似ていた）。その伝統が他の候補との差別化に役立った。残念ながら彼の大統領としての資質は家系だけだったが。

ニューイングランドの大手法律事務所リスカシ・アンド・デイヴィスとトラントロ・アンド・トラントロは、伝統をマーケティングに活かした典型的な例だろう。どちらも先行世代との強いきずながあり、そのきずなを効果的に利用してライバルと差別化した。トラントロ・アンド・トラントロはとくに印象的で、初代トラントロが移民で、無力な移民家族を守ったというルーツを広告に使っている。コミュニティへの長年のサービスと弱い者の味方という二つの歴史的な伝統をもとに、「立場の弱い者の味方になって闘う」というポジショニングに成功したのだ。

歴史を語れば独自性が生まれる

伝統や歴史を語るのに遅すぎることはない。アメリカ・ワインのベストセラー・ブランドであるフランジアがいい例だ。フランジアのワインは五リットルの箱入りで「手軽に飲める」。さらにあまり知られていないが、アメリカ・ワインの歴史では驚くべき伝統がある。フランジアの箱には、こんな物語が印刷されている。

テレサ・フランジア――アメリカのワイン・ビジネスを切り拓いた小柄な女性

イタリア人移民だったテレサは、身長一五〇センチ足らずと小柄でしたが、いまでは一大ビジネスになったアメリカのワイン業界でとても大きな役割を果たしました。

一九〇〇年、テレサはサンフランシスコに到着し、カリフォルニアのセントラルヴァレーの農場に落ち着きました。そして家族と一緒に、いまでもこのあたりで抜きん出て豊かなローム土の畑でブドウの栽培を始めます。

禁酒法が廃止されると、テレサはワインを作ろうと思い立ちました。そこでワイナリーを始める資金として、バンク・オブ・アメリカの創業者であるA・P・ジョヴァンニに一万ドルを借りました。このうち半分を娘と娘婿のアーネスト・ガロに貸してやったのです。

そのあとはご存じのとおり。テレサはアメリカのワイン・ビジネスのパイオニアになりました。フランジアと娘婿のアーネスト・ガロのワインは、現在アメリカ産ワインの五〇パーセント以上を占めています。

この物語によって、平凡なテーブルワインは独自の歴史をもった特別のテーブルワインに変身する。

教訓――歴史を語るのに遅すぎることはない（ただし興味深い歴史でなければいけない）。

社名も伝統のひとつ

DDBワールドワイド・コミュニケーションズは大広告会社だが、前身は現代広告を生み出したと評価の高いドイル・デーン・バーンバックだ。ドイル・デーン・バーンバックの創業は一九四九年。ＤＤＢは五〇周年を期に会社の評判に磨きをかけて、無数のライバルと差別化しようとした。

《ニューヨーク・タイムズ》によると、同社を率いるキース・ラインハードは「わたしたちはバーンバックの伝統を取り戻そうとしている。ドイル・デーン・バーンバックというブランドはわたしたちが活用すべき伝統、財産だ」と語った。

伝統に立ち返ろうというのはいい考えだが、その伝統がもはや存在しない名前に付随しているという基本的な問題は否定できない。同じ記事のなかで元広告人が言っているように、「合併後に社名を変更したのは大変な間違いだった。コカ・コーラが社名を変更するようなものだった」のだ。

遅すぎたようだな、キース。ビル・バーンバック（6章参照）の伝統は元の社名とともに葬られてしまったのだよ。

伝統をアップデートする

生き残るためには変わらなければならない場合がある。

たとえば二二二年の伝統を誇る伝説的なリゾートホテル、ウェストヴァージニアのグリーンブライアーは、最高のリゾート客をつなぎとめるために、カジノを併設しようとしている。モンテカルロの豪華なホテル・エルミタージュのそれを手本にするという。

社長のテッド・クライスナーいわく、グリーンブライアー・ホテルが「名門ホテルの一つ」で終わらずに競争力を維持するためには、カジノがどうしても必要なのだ。

「出身地」という伝統

伝統にとって大事な側面の一つは、どこから来たか、ということだ。

あなたがウォッカを売っていてロシア出身だというなら、確かに語るべき物語がある。

コンピュータを売っていてアメリカ出身なら、それもとても有利だ。

自動車を売っていて出身がユーゴスラヴィアなら、問題がある（ユーゴスラヴィアの車、ユーゴは失敗した）。

出身地が大切なのは、国による商品の差別化があり得るからだ。

長年のうちに、ある商品で有名な国というのができた。その結果、商品が生まれた国の品物なら間違いないだろうと信頼されるようになった。逆に、その国の商品ならだめなんじゃないか、という場合もある。国と、そこの商品なら信頼されるという組み合わせを簡単にリストにしてみると次のようになる。

アメリカ	コンピュータと航空機
日本	自動車とエレクトロニクス製品

ドイツ	エンジニアリングとビール
スイス	銀行と腕時計
イタリア	デザインと衣料品
フランス	ワインと香水
イギリス	王室とレーシングカー
ロシア	ウォッカとキャビア
アルゼンチン	牛肉と皮革製品
ニュージーランド	ラム肉とキウイ
オーストラリア	クロコダイル・ダンディ

ここで大切なのはユーゴの罠に陥らないこと、あるいは出身地が助けになるどころか足を引っ張る場合があると気づくことだ。

アルゼンチンのハイテク?

半導体ではなくステーキで有名な国のハイテク・メーカーの例がある。

マルチスキャンという会社は、レーザー・バーコードリーダーを作っている。じつは、このタイプのスキャン技術では業界トップの地位を確立しつつあった。そこでわたしたちは、その地位を差別化に利用すべきだとアドバイスした。だが世間はハイテク産業のリーダー企業がアルゼンチンにあると信じてくれるだろうか。幸いこの会社はアメリカに支店をもっていたので、アメリカ出身を装うことができた。

その後、同社は本社をアルゼンチンからアメリカに移した。いまでは堂々とアメリカの企業であると主張できるし、ハイテク製品の輸出で大成功していることも間違いない。

不利な出身地を逆手に

ライバルの伝統を逆手にとって攻める場合もある。何年も前にストリチナヤが出したこんな広告もその一つだった。

ほとんどのアメリカのウォッカはロシア風です。
ストリチナヤは違います。正真正銘ロシア産ですから。

だがストリチナヤが伝統を差別化に活用しなくなったとき、アブソルートがウォッカの首位を奪った。常識からいっても歴史から見ても、ストリチナヤにとっての唯一の戦略は伝統を追求することだったはずだ。

ストリチナヤは、アブソルートがスウェーデン製であるという、あまり知られていない事実を逆手にとるべきだった。アブソルートのポジションを本来の場所、つまりスウェーデンに押し戻し、自分たちには本物のロシアの伝統があると主張すべきだったのだ。たとえばこんなふうに。

「スウェーデンのアブソルート」対「生粋《アブソルート》のロシア」

スウェーデンのウォッカはロシアのウォッカほど聞こえが良くない。誰だってロシアのウォッカが本物だと知っている。

フランスの成功

フランスの大手化粧品会社ロレアルは、お国柄という伝統を生かして一〇年来、二桁成長を続けている。

ロレアルの秘密は、さまざまなブランドを通じて異なる文化の魅力を伝える、というかたちで伝統を活用したことだ。イタリアのエレガンス、ニューヨークの洗練された都会的センス、フランスの美を売り込みながら、所得層や文化の違いを超えた幅広い顧客をつかんでいる。

《ビジネス・ウィーク》誌によると、「多くの企業はブランドを均質化して多くのカルチャーに受ける商品を作ろうとするが、CEOのオウエン・ジョーンズに率いられたロレアルの商品はまったく逆の路線をとっている。ジョーンズは発祥国らしさを失わない商品がいいと言う。多くのマーケティングの大御所が対象顧客を狭める要因と見なすものを、マーケット上の長所に変えているのだ」

ロレアル傘下のメイベリン・ニューヨークはアメリカではぱっとしないかもしれないが、上海ではアメリカで生まれたという事実だけでとてもおしゃれな（そして非常に差別化された）ブランドになるのだ。

「家族経営」という伝統

大企業がますます巨大化している世界では、家族経営が独自性として強みになる。税制や世代交代などの問題があるから、家業の維持はそう容易ではないだろうが、一族が結束できれば家業というコンセプトは強力な武器になる。

消費者は、強欲な株主に牛耳られた冷たくて非人間的な株式会社よりも、家族が経営しているビジネスを温かい目で見る。家業に携わる人々だって同じように強欲かもしれない。だが実状は外部にはわからないから、強欲さも扉の奥に隠れてしまう。

家族経営には、株価よりも商品を大事にするというイメージもある。だいたい街の出身者が創業しているので、コミュニティへのかかわりという面でも高い点数がつく。さらに家族経営なら従業員も家族的に扱うという傾向もある。一緒に成長してきたという意識があるのだ。

絶好の例はリッチズ・フローズン・フーズという一〇億ドル規模の家族経営企業だ。家業であることと規模とが、主たるライバルである非人間的な大企業といいコントラストになっている。「お客さまに家族同様の気遣いをしています」という広告も、大企業との違いを際立たせている。

さらに同社は、いまのような競争社会では家族経営のほうが顧客に親切にできるとも主張している。理由は簡単だ。株主や収益、ウォール街の評判を心配する必要がない。商品に全エネルギーを注げる。

こう考えれば、なるほど家族経営のビジネスは株式会社と違うだけでなく、もっといい会社だということになる。筋の通ったすばらしい説明だ。

コミュニティのランドマークになる

家族経営はコミュニティの大切な要素になりうる。ニューヨークの郊外、ニュージャージー州リッジウッドにあるトロースト視覚聴覚センターもその一つだ。

「全米一の眼科医」に選ばれたこともある創業者ロバート・C・トローストはこう語っている。「仕事を始めたとき、これが家業になるなんて思ってもいなかった。わたしが考えていたのは、近所の人たちに質の高いケアをしたいということだけだった。それから四七年、わたしたちは事実上ランドマークになった。コミュニティの一部であるというのは特別なものだ。多くの患者とはとても長いつきあいをしている。新しい患者がやってきても、たいていは親やおじさんおばさん、いとこを知っている。ときには親がうちの子どもたちの友だちってこともある。孫の世代がやってくるのだよ」

子どもといえば、トローストの息子のロンとその妻のカレンが、現在、家業を引き継いでいる。

彼らは商工会議所や教会、リトルリーグでも熱心に活動している。

こうしたすべてがトロースト家のビジネスを特別なものにし、家業は好調だ。

キャラクターをフル活用する

ブランドを有名にしたキャラクターを活用するのも、伝統を活かす興味深い方法の一つである。ジョリー・グリーン・ジャイアントや、KFCのカーネル・サンダース、スターキストのチャーリー・ザ・ツナ。どれもそれぞれのブランドの大きな特徴になってきた。

このようなキャラクターたちのほこりを払って現役に戻そうという試みが多いのも不思議ではない。ジョリー・グリーン・ジャイアントも眠りから覚めて、缶詰や冷凍野菜を売る手伝いをしている。プランターズのミスター・ピーナッツも伝統ある売り手に復帰した。

プランターズの総支配人デイヴィス・エールは《ニューヨーク・タイムズ》でこう語っている。

「キャラクターのミスター・ピーナッツは、うちのナッツの質の高さや味わい、楽しさを表現する象徴なんです」

ミスター・ピーナッツは、一九一六年に一人の少年が生み出したキャラクターだ。このキャラクターを復活させたことで、年配の消費者のノスタルジーをくすぐり、若い人たちの「レトロ・シック」の波にも乗ることができた。

古いものはすべて、再び新しくなるだけでなく、差別化にも役立つのである。

15章

差別化⑥「専門性」を磨く

ある活動や商品に集中し続けた人たちは、「エキスパート」として人々に強い印象を与える。エキスパートとは特定の分野で多くの訓練を積み、知識を集積した人ということだ。エキスパートならば知識も経験も豊富だと思われるし、事実そのとおりでもある。

逆に多くの分野で仕事をするゼネラリストは、どんなに優れていてもエキスパートと評価されることはめったにない。一人の人間あるいは一つの会社があらゆることのエキスパートであるはずはない、というのが常識だ。

望まれるのはスペシャリスト

わたしたちは何年も前、GEで仕事をした際に、ゼネラリストに対するスペシャリストの力を見せつけられた。

当時GEは「ターンキー方式による発電所」というコンセプトを導入しようとしていた。自社の能力を活かして電気事業者のためにすべてを整え、発電所が完成したところでキーを渡し、発電所が稼動する（ワンストップ・ショッピングと同じ考え方）、いたってシンプルな構想だ。すばらしいアイデアではないか？　ところが違った。

電気事業者たちは言った。「お気持ちは大変ありがたい。タービン発電機はおたくにお願いする。だが、発電所のコントロールやスイッチ・ギアその他はそれぞれのスペシャリストに任せる」

相手が電気会社最大手のGEであっても、電気事業者はそれぞれの分野のベスト、つまりスペシャリストを望んだのだ。

主婦でも結果は同じ

このときGEは、電気事業者はプロだから自分たちがいちばんよく知っていると思っているのだ、と考えた。それでは、主婦にGE製のフルキッチンセットを提案してみたらどうか。

同じことだった。主婦は言った。「ありがとうございます。冷蔵庫はおたくにお願いしましょう。でも皿洗い機はキッチンエイドに、洗濯機はメイタグに、それから……」

電化製品ではビッグなGEでも、主婦はそれぞれの分野のベスト、つまりスペシャリストを望んだのである。

ビッグネームにも弱点あり

GEのようなゼネラリストは、名前はビッグでも各専門市場では弱い。同じくビッグネームであるクラフトも、スペシャリストであるブランドと並べられるとどうにもならない。マヨネーズならヘルマンに完敗、ゼリーならスマッカーに太刀打ちできず、マスタードならフレンチにノックアウトされ、ヨーグルトならダノンに蹴散らされる。

幸いクラフトにもスペシャリストのブランドがある。クリームチーズのフィラデルフィアである。だが、この最大のブランドはあまりクラフトと認識されていない。パッケージに「クラフト」と記してあっても、ほとんどの人たちにとってそれはフィラデルフィアの小さなチーズメーカーなのだ。

デパートより専門店

小売業はどうか。現在、困難にぶつかっている小売業といえばデパートだ。デパートとは何か？　何でも売っている場所だ。これでは失敗が決まったも同じだろう。「何でも」ある場所を差別化することはきわめて難しい。

キャンポー、L・J・フッカー、ギンベルズ、いずれも破産裁判所行きとなった。ヒルズは破産申請した。世界最大のデパートのメイシーズも同じく破産申請。まだ残っているデパートもあるが、この種の業態がいかに難しくなっているかがわかるだろう。

インターステート・デパートメント・ストアも破産した。ただしこの会社は帳簿を調べて、黒字が出ている唯一の商品に特化した。玩具だ。特化するにあたって名称も変更した――トイザらスと。現在トイザらスはアメリカの玩具売り上げの二〇パーセントを占めている。

前にも書いたとおり、多くの小売チェーンは狭いカテゴリーに特化して徹底的な品揃えをするというトイザらスのパターンを真似て成功している。たとえばステープルズやブロックバスター・ビデオもそうだ。

小売業ではおおむねスペシャリストが大成功を収めている。

- ●ザ・リミティッド：働く女性のためのおしゃれなファッション
- ●ギャップ：若者と、気分は若い消費者のためのカジュアルウェア
- ●ベネトン：元気のいい若者のためのウールやコットンの衣料品
- ●ヴィクトリアズ・シークレット：セクシーな下着
- ●フット・ロッカー：アスレティック・シューズ
- ●バナナ・リパブリック――高級カジュアルウェア（バナナ・リパブリックという名前の衣料品チェーンが成功できるということ自体、スペシャリストの時代を示している）。

アルカリ乾電池に特化で成功

スペシャリストには先んじて人の心に入り込む武器がある。スペシャリストは一つの商品、一つのメリット、一つのメッセージに絞ることができるのだ。デュラセルはアルカリ乾電池だけに絞った。ゼネラリストのエバレディにもアルカリ乾電池はあったが、特化してはいなかった。「長持ちする」という意味を込めたデュラセルという名称も良かった。同社の売り上げは急成長、四五パーセントを占める業界トップになった。エバレディのキャラクター、エナジャイザー・バニーもスペシャリストの俊足には追いつけなかった。

環境コンサルティングでも独自の専門性を発揮

スペシャリストはその専門性によって独自性が出せる。

環境コンサルティング・ビジネスには大小取り混ぜてたくさんの事業者がいるが、どこも似たようなことをやっている。だがボストンのＥＮＳＲという会社は独自の専門性を打ち出した。環境デューデリジェンス、つまり国際的な不動産やビジネスの取引が行なわれるとき、グローバルなリソースを使ってその取引の環境面への影響を評価するというものだ。この専門性はライバルとの差別化になるだけでなく、その後、環境評価によって明らかになった問題の解決も引き受けるという流れを作り出した。

夢のマニア雑誌とは

自動車マニアでなければ、《ヘミングズ・モーター・ニューズ》という月刊誌は聞いたこともないかもしれない。だがこの雑誌は出版業界で成功した究極のスペシャリストだ。出版では、ある分野のエキスパートになれば成功が約束される。

《ヘミングズ》の発行部数は毎月二六万五〇〇〇部。年二〇〇〇万ドルを売り上げる。八〇〇ページに及ぶ雑誌には二万の広告がひしめいていて、フォードのT型モデル用のホイールベアリング・セット（特価五五ドル）から、一九三二年型ロールスロイスのヘンリー・ロードスター（たった六五万ドル）まで、あらゆるものが提供されている。

誌面のほとんどは小切手かクレジットカードで先払いされた三行広告で、編集された記事はほんのわずかしかない。販売部門もごく小さい。

出版界のドル箱のオーナー、テリー・エーリックは、この雑誌は自動車修理と自動車コレクションの人気の賜物だと言う。「わたしはすばらしい馬に乗った平凡なジョッキーにすぎない」と彼は語る。すばらしい馬とは、徹底的な特化というすばらしいアイデアだった。

スペシャリストも一般名詞になる

スペシャリストの究極の武器は、前にも述べた一般名詞化である。ブランドが商品全体の代名詞になるのだ。

ゲータレードはスポーツドリンクでこの域に達した強力なスペシャリストだ。コピー機でゼロックスに、粘着テープでスコッチになるのは容易ではないが、スペシャリストにはこの最高レベルの成功を収めるチャンスがある。

別のものに手を出すと

成功したスペシャリストはスペシャリストのままでいなくてはいけない。ほかのビジネスを追っかけるのはまずい。スペシャリストというイメージが壊れるからだ（20章を参照）。

心臓外科医はこのことを本能的に知っている。いくら儲かっても、人工膝関節置換術に手を出したりはしない。

ほとんどのマーケティング専門家は一つのビジネス、一つの専門分野に閉じこもるのを嫌う。できるだけいろいろなことをやりたいと思うのだが、別のことに手を出したとたん別の会社がスペシャリストの座を奪うかもしれないことには気づいていない。

ハインツはピクルスのスペシャリストだったが、その後ケチャップ市場に進出したことで、いまではブラシックやマウントオリーブに支配されたピクルス業界から締め出されかかっている。

フォルクスワーゲンはかつて小型車のスペシャリストだった。それから大型でスピードの出る車、RVに進出した。いまでは日本勢が小型車市場を支配している。

スコットはトイレットペーパーではアメリカのナンバーワンだったが、その後さまざまな紙製品を作り始めた。いま、この業界のリーダーはチャーミンだ。

CEOの趣味にはご用心

マグナ・インターナショナルは、クライスラー、フォード、ジープ、ダッジ、シボレー、メルセデス、キャデラックなど世界トップの自動車メーカーに部品を提供しているスペシャリストの大手だ。年間総売上は六〇億ドル前後。自動車産業の部品メーカーは近年、たとえばシートのシステム全体のように、大きくて込み入ったパーツにして納品する傾向が進んでいるが、この会社はその草分けだった。

ところが会長のフランク・ストロナックは数百頭の馬を所有する熱烈な競馬ファンで、とつぜん本業とまったく関係のないカリフォルニアのサンタ・アニータ競馬場を手に入れた。ほかの競馬場も検討されているという。

ストロナック会長は競馬場やスポーツ賭博場に進出したがっている。当然、株主の多くは快からず思っている。

トラブルは必至だろう。

特化宣言で起死回生

業界のスペシャリストを誰もが知っているとは思わないほうがいい。わたしたちが助言したいのは、自社を（何でもいいから）「スペシャリスト」と位置づけることだ。何かに専念しているのなら、何をしているのかを消費者にはっきりと知らせたほうがいい。

問題を抱えていた日本の自動車会社のスバルがそうだった。一九九三年に米スバルの社長に就任したジョージ・マラーは尋ねた。「この会社は何が得意なのか?」「この会社の特徴は?」答えは「四輪駆動の技術です」だった。そこでマラーはその場で四輪駆動にフォーカスすると決めた。「トヨタやホンダと差別化するために、わたしたちは四輪駆動の車だけを売ると宣言しよう」

そして広告で、自分たちは自動車を作るのではなく四輪駆動車だけを作ります、と誇らかに宣言した。他社と同じことをして崖っぷちに向かっていた（売り上げはピーク時に比べて六〇パーセントも落ちていた）会社の起死回生の一手だった。

スバルはつぶれなかった。スペシャリストとして独自性を打ち出したおかげである。

二頭のうちの一頭に

スペシャリストであるだけでは足りないこともある。ほかのスペシャリストに囲まれている場合はとくにそうだ。

インターネットでは、何カ月かすればある種の情報のスペシャリストが山ほど現われて、ウェブサイトの「ヒット数」を争いあう。

こんなにたくさんのスペシャリストが現われるのは、インターネットの参入コストが低いからだ。それでも通行ルールは変わらない。ある者がリーダーと目されて、ほとんどのトラフィックを集める。すると対抗馬あるいは強力なナンバーツーが現われて、その半分くらいの閲覧数を獲得する。さらにその半分くらいの閲覧数のナンバースリーが現われて、上位のウェブサイトを脅かすかもしれない。だが、そのあとの獲物は非常に小さくなる。

要するにこういうことだ。どんな商品、サービス、あるいはウェブサイトでも、ほとんどの業界は二頭の争いなのだ。だから、大事なのはその二頭のうちの一頭になることである。

16章

差別化⑦「みなに選ばれている」をアピールする

「みなに選ばれている」という事実は大きな意味をもつ。わたしたちの経験では、消費者は自分が何を望んでいるかわからない（だから聞いても無駄だろう）。たいていは、ヒツジのように群れに従っている。

おおぜいが支持することは正しい

なぜ人は群れに従うのか？　ロバート・チャルディーニがおもしろいことを書いている。彼が言う「社会的証明の原理」は、確かに人に影響力を与えるうえで大きな武器になる。

この原理によれば、わたしたちは他人が何を正しいと考えているかを基準に、何が正しいかを決める。「正しい行動とは何か」を決める場合にはとくにそうだ。ある状況で正しい行動は、ほかの人がとっている行動だと考える。

ほかの人たちがしていることは正しいと考えると、一般的に大変うまくいく。社会的によく見られる行動に従うほうが、反対の行動をとるより、原則として間違いが少ない。おおぜいの人が同じことをしているなら、ふつうはそれが正しい行動だ。

みなが選んでいるなら安心

第三者による選択を差別化に利用するとは、つまり、「ほかの人が正しいと考えているもの」を提供するということだ。そして、選好が差別化戦略として使いやすいのは、選好にはさまざまな種類があるからだ。

タイレノールがアメリカでナンバーワンの鎮痛薬でいられるのは、病院で選ばれているという事実のおかげだ。

ナイキがアスレティック・シューズのナンバーワンでいられるのは、有名な運動選手が選んでいるという事実のおかげだ（ナイキはそのためにギャラを払っている）。

レクサスは、J・D・パワーズの調査で顧客満足度が高いとされたおかげで人気を博した。

ミッドウェスト・エクスプレス・エアラインは《コンデナスト・トラベラー》誌のランキングが一番だったことを顧客獲得に利用している。

犬猫用のプレミアムフードであるサイエンス・ダイエットは、「獣医が推奨」し、「世界の獣医たちが自分のペットに与えているペットフードのナンバーワン」だと謳っている。

人の噂でも、どこかの機関やマスコミの調査、あるいはなんらかの研究でも、企業はマーケティングに利用する。選んでくれたところに少しでも権威がありそうなら、ライバルを引き離すチャンスだ。

とくに、目がくらみそうな選択肢の量に圧倒されやすいインターネットの場合、「ライバルを引き離す」のは大問題となる。

王室の傘

傘についての知識では、イギリス人の右に出る者はないだろう。それではイギリスで一番の傘といえば？　たぶん王室御用達で皇太子も使っているというブリッグで決まりだろう。

チャールズ皇太子や諜報員ジョン・スティードと同じ傘を持つのは、お金がかかる。ブリッグの傘は二〇〇～八〇〇ドルもするのだ。

ほとんどの人は王室の方々が傘に詳しいはずはないと知っているが、同時に王族なら最高のものを手に入れられることも知っている。それだけで充分なのだ。

「違いがわかる人」のビール

ハイネケンはチリに最新設備の醸造所を建設し、ベッカーというビールを売り出した。お手ごろ価格、つまり現地の業界ナンバーワンのクリスタルに近い値段で、高品質のビールを提供するという戦略だった。

ハイネケンの進出に地元のビール業界は猛烈に抵抗したが、騒ぎが落ち着いてみると、高所得層の消費者はベッカーを好んでいるという調査結果が出た。彼らは国際品質のビールを好み、どんなビールでも買える人たちだ。

そこでわたしたちは、この「高所得者に選ばれている」という事実を、上流層および上流になりたい層に向けた差別化に活用すべきだ、と助言した。そしてそれはシンプルなコピーで表現された。ベッカーは「違いのわかる人たちが選びます」。

自分には違いがわからない、なんて考える人がいるだろうか？

チャールズ・シュワブの徹底戦略

チャールズ・シュワブは、どこから見てもオンライン証券のナンバーワンであると主張するために、究極の「『みなに選ばれています』アピール戦略」を展開した。《ウォールストリート・ジャーナル》で三ページにわたって、さまざまな権威によるランク付けをずらりと並べたのだ。

- 《マネー》誌は、Schwab.com をオンライン証券会社の総合ベストワンとして掲げた。「使い勝手の良さ」と「商品及びツール」はダントツの五つ星がついた。同誌はまたシュワブを、主流派投資家と富裕な投資家にとってのナンバーワン証券会社と評価した。

●《スマート・マネー》誌は、シュワブをオンライン・トレードのナンバーワンにランク付けし、「シュワブはどこの証券会社よりも守備範囲が広い」と褒めた。

●《PCワールド》誌は、一九九九年の証券会社のベスト・ウェブサイト部門でシュワブにワールドクラス・アウォードを授与し、「チャールズ・シュワブは文句なくオンライン証券会社のキングである」と書いた。

●《CIO》誌は、テクノロジーを利用して顧客との関係を構築、強化した功績を称え、チャールズ・シュワブ・コーポレーションにCIO100アウォードを授与した。

●《フィナンシャル・ネット・ニュース》は、シュワブを一九九八年の「今年のフィナンシャル・ウェブサイト」に選んだ。

●《PCマガジン》誌は、顧客サポート、レポート、リサーチでシュワブをエクセレントに格付けした。

これでもかというように、シュワブは投資家によるナンバーワン格付けも繰り出している。

●二五〇〇万人以上のオンライン投資家がシュワブを選んでいる。

●シュワブが日々扱うオンライン・トレードの量はどこの証券会社より多い。

●シュワブのオンライン資産はどこよりも多い。

この記事が終わるころには、いちばん選ばれているオンライン証券会社がどこか、疑問の余地はまったくなくなる。それどころか、いまさら何を言っているのかという気にさえなってくる。

疑問符のつく根拠は逆効果

しかしハンバーガー戦争ではシュワブ流のやり方が裏目に出た。

バーガー・キングは有名なワッパーを売り出すときに、全国のテレビで「アメリカ人がいちばん好きなバーガー」だと宣伝した。

この主張の根拠は何か？　販売量ではない。マクドナルドはバーガー・キングの二倍の店舗があるし、明らかにビッグ・マックのほうが売れている。バーガー・キングの言い分では、自社がスポンサーになって全国で七〇〇本の電話をかけて、「あなたの好きなバーガーは何ですか？」と聞いた調査をもとにしていた。回答でいちばん多くあげられたのがワッパーだったという（三三パーセント）。

ライバルのほうが販売量が多くて、こちらの調査が有名な独立機関によるものではなく、しかも三分の一しか好きだと言ってくれないとしたら、この宣伝を繰り広げるに足る根拠としては乏しい。《ニューヨーク・タイムズ》でさえ、この戦略に疑問を呈し、あるコラムはこんなふうに始まっていた。「バーガー・キングは大ぼら《ワッパー》を吹いたのか？」

正当な根拠を示すには

このケースから、「選ばれている」を謳うさいには何が重要かが浮かび上がる。「ほかの人たちが考えていることが正しい」（社会的証明の原理）は、根拠を調べられても揺るがないならますます確かになる。正当性があればあるほど、よろしい。自社で世論調査をするなら、余分の費用をかけてでも一流どころに委託するべきだ。

どこかの調査を引用するときには、そこの評判を確認すること（J・D・パワーやザガットなら完璧）。

どこも調査していないなら、業界メディアに働きかけてみよう。メディアにとってはいいネタになるし、ランキング一位の企業にとっては格好のストーリーになるはずだ。広告界の伝説的人物、デイヴィッド・オグルヴィは、この点でマスコミがもつ力をよく知っていた。「平均的な記事は平均的な広告のおよそ六倍も読まれている」と彼は言った。「コミュニケーション力は編集者のほうが広告担当者よりも上だ」

病院も格付けで変わる

ニュージャージー州リッジウッドにあるヴァレー・ホスピタルでは、病院らしからぬものが口ビーでスポットライトを浴びている。J・D・パワー・アンド・アソシエイツが「傑出した病院プログラム」に与えた輝くトロフィーだ。

J・D・パワーは、自動車のブランド、のちには航空会社などの事業の優秀性を分析する独立機関として名声を確立した。現在では病院の分析も（高い料金で）行なっていて、入院費用や手続き、患者のケア、検査、看護師や職員の仕事ぶり、医師による治療のマネージメント、院内の環境（病室の快適さや食事）、それに退院手続きなどを調査している。

ヴァレー・ホスピタルはニューヨーク周辺で最初にこのトロフィーを獲得したのだが、これは広告宣伝という意味では願ってもない出来事だった。以後、三年連続で受賞、効果ははっきりと現われている。

●職員の意欲が向上した。
●評判が高まり、潜在的な利用者にも高く評価されるようになった。
●患者の大半は、病院に対する信頼と安心感が「以前より増した」あるいは「以前よりはるかに増した」と回答している。

同病院の職員の一人はこう語ってくれた。「よく知られているJ・D・パワーというブランドが、うちの優秀性の裏づけ、保証になっているのです」

医師は宣伝しにくいが

ビジネスによっては、あまり積極的に自慢するのがはばかられる場合がある。たとえば医師や看護師たちはセールスマンまがいの行動をしたいとは思わないだろう。

だが患者のほうには、複雑な医学的な決断をするだけの高度な知識も経験もない（レクサスにするかメルセデスにするかを決断するだけでも大変だ）。それでは選択肢という暴君に対抗して、専門的な正しい決断をするにはどうしたらいいか？

ここでも「ほかの人たちが考えていること」が基準になる。医師の宣伝には不安を抱く人たちも、こちらなら高く評価する。

ある雑誌でランディ・コーエンという倫理学者が、「患者が医師を選ぶ手助けをするための望ましい方法」について述べている。コーエンの処方はこうだ。「《バロン》誌が大学をランク付けするように、医師の技量を第三者機関がランク付けするというやり方がある。あるいは、患者の体験による評価を集めて、医師版のザガットを作ることも考えられる。どちらにしても、医師が倫理的に困った立場に追い込まれることはない」

ナイキの戦略

ナイキは多額を費やしてアスリートやチームと「パートナーシップ」を組み、自社の評判と業績を高めてきた。6章でも紹介したように、同社は全世界のあらゆる人気スポーツ分野でアスリート四〇〇〇人を擁している。そのなかにはマイケル・ジョーダン、タイガー・ウッズ、ミア・ハム、ロジャー・フェデラー、そしてアメリカの一三の主要カレッジのラグビーチームと三つの全国ラグビーチーム、フットボールとサッカーの二〇の全国チームが含まれている。有名なスポーツ選手なら、たぶんどこかにナイキのロゴを身につけているだろう。

ナイキの戦略は一言で要約できる。「世界のベスト・アスリートが愛用している」だ。

ブルックス・スポーツもアスレティック・シューズのメーカーだ。ナイキは最近、業績に翳《かげ》りが出ているようだが、ブルックスはすばらしいフットワークで売り上げを伸ばしている。

同社は「本格派のランナー」たちに自社製品を選んでもらう戦略をとった。無料で靴を提供するのは二〇〇人の優秀なランナーたちだけ。レジナ・ジョイスやジョン・センスの名はそれほど有名ではないかもしれないが、ランニング愛好者のあいだでは英雄視されている。年間広告費はわずか七五万ドルで、《ランナーズ・ワールド》や《ランニング・タイムズ》といったニッチな雑誌が相手だ（ナイキは華やかなCM一本にもっと多額の広告費をかけている）。

教訓――すべての人たちに選んでもらえないなら、選んでくれる集団を探そう。

憧れの人を真似る

広告会社J・ウォルター・トンプソンの創立者の一人スタンレー・レッサーは、かつて「人が選んでいるものを選ぶ」という心理を模倣の観点で語った。「わたしたちは趣味や知識、経験で自分より優れている人たちを真似たいのだ」と。

かつてヨーロッパのオペラ歌手のスターたちは、ラッキー・ストライクが咽喉《のど》に良いと語った（いまなら違うことを言うだろう）。

キャメルはなんと「おおぜいの医師たちがキャメルを吸っています」と誇らしげに宣言した（ほんとうにそう広告したのだ）。

ルーマニアの女王は《レディス・ホーム・ジャーナル》で、自分の美しさはポンズ・コールドクリームのおかげだと言い、この広告についていたクーポンは九四〇〇枚使われた。

一九二七年の広告には「一〇人の映画スターのうち九人はラックスの石鹸を使っています」とある。

同じ年には、やり過ぎの広告が現われた。人気雑誌の同じ号で、女優のコンスタンス・タルマッジが浮き輪から目覚まし時計まで八つの違った商品の広告に出ていたのだ。

現在は映画スターにアスリートがとって代わり、牛乳から銀行、アルミの外壁まであらゆるものの広告に一役買っている。現在のヒーロー、ヒロインはアスリートである。

向き不向きも重要

日本と中国ではどんな商品でもセレブによる差別化が可能だ。だがアメリカでは向き不向きというものがあって、間違うと多額の金を無駄にする。消費者はただ有名というだけでは動かされないからだ。それなりのもっともらしさがなくてはいけない。

亡くなった俳優のロバート・ミッチャムを「タイ（紐）のないゴミ袋」の広告に使ったのは馬鹿げていた（ミッチャムはタイを一度もしたことがない、という内輪のジョークだ）。

ジェームズ・ガーナーとシビル・シェパードをビーフの広告に使ったのも失敗だった。ジェームズ・ガーナーは心臓病で亡くなったし、シビル・シェパードは赤身の肉よりも野菜が好きなことがわかったからだ。

カトリーヌ・ドヌーヴとシャネル。マイケル・ジョーダンとナイキ。ポール・ホーガンとスバル・アウトバック。これらは完璧な組み合わせだ。プロフットボールのスティーヴ・ヤングとミルクは、さあ、どうだろう。

中国人は英雄が好き

前にも言ったとおり、中国のマーケティングでは向き不向きに関係なく、ヒーローが絶大な力を持っている。中国の会社は自社商品を差別化するために、有名人やキャラクターをさかんに広告に使う。たとえば北京の豪門《ハオメン》ビールは、クリントン大統領と並んだ社長の写真を王府井《ワンフーチン》のショッピング街に掲げている。

言うまでもなくマルボロマンやミッキーマウス、タイガー・ウッズなどの強力なキャラクターはすでに中国に進出済みだ。

中国人はコニャックが好き

現在、全世界のコニャックの四分の一が中国で売れている。コニャックが中国で売れるようになったのは、現代の英雄、つまり大物実業家と結びつける戦略のおかげだ。高価な輸入コニャックはステイタスの象徴として、中国のニューリッチに消費されている。

大物実業家のライフスタイルを真似たいという中国の中産階級の気分を見抜いたのは、ジョセフ・E・シーグラム&サンズだ。同社は、フランス、中国、香港、台湾の新世代に向けて、マーテル・ノブレジという比較的手ごろな価格のコニャックを売り出した。このブランドは、発売されてから数日後には中国の六〇以上のクラブで常備されるようになった。

人は大物が飲んでいる飲み物を飲みたがるのだ。

ホテルの戦略を考える

ためしに高級ホテル・チェーンの戦略を見てみよう。候補は二つ。二一カ国に六三の高級ホテルやリゾートホテルを所有するリッツ・カールトンと、三〇カ国に七〇のホテルをもつフォー・シーズンズだ。

金持ちの旅行客が読む《コンデナスト・トラベラー》誌は、二〇〇六年の「ゴールド・リスト」のために二万八〇〇〇人の読者にアンケートを行なった。アメリカのホテルではリッツ・カールトンの二四ホテルがランク入りした。フォー・シーズンズは一八。

次に《ビジネス・トラベル・ニュース》が六〇〇の企業の旅行担当者とビジネス客向け旅行会社にアンケートを行なった。一二項目をあげて、ホテルのパフォーマンスと満足度を調べたところ、こちらではリッツ・カールトンがトップで、わずかに遅れてフォー・シーズンズ、スコアは8・65対8・51だった。同誌はまた、リッツは六年連続でトップだと記している。

まさに僅差だが、わたしたちとしてはリッツ・カールトンに軍配を上げたい。このホテルは富裕層にいちばん選ばれている。「どんなところにでも泊まれる人たちが一番に選ぶホテル」というコンセプトで広告戦略をたてるべきだ。なにしろリッツは「ベスト・オブ・ベスト」なのだから。

17章

差別化⑧「製法」にこだわる

企業は新製品の開発に大変な努力をする。技術者やデザイナー、製造現場の人々が、市場に出回っているどの商品よりも優れた独自の商品を作ろうとして、限りなく時間をかけて製造、テストを繰り返す。

マーケティング担当者はそんな努力を当然と考え、広告やパッケージ、プロモーションにばかり関心を向けることが多いが、商品をとことん知ることは非常に大事だ。そこに強力な差別化要因が隠れていることがよくあるからだ。

「魔法の成分」は理解できなくてもいい

商品にはそれぞれ技術やデザインの裏づけがある。技術は特許をとっているかもしれない。だがマーケティング担当者は、そういう要素は複雑すぎるとか、ややこしくて消費者には説明しにくいと考えてなおざりにしがちだ。それよりもリサーチを行なったり、商品のメリットやライフスタイルとの関連に焦点をあてようとする。お得意の台詞はこうだ。「消費者は製造方法になんか興味がない。彼らが気にするのは、自分にとっていい商品かどうかだけだ」

こういう見方の欠点は、たいていの商品は消費者の目からみればどれも同じだ、ということにある。歯磨きはみんな虫歯を予防する。新車はどれも運転しやすくて楽しい。洗剤はどれも洗濯物をきれいにする。商品の違いはしばしば、製法にあるのだ。

だからこそわたしたちは商品に目を向けて、どんな独自技術が使われているのかを調べる。それから、できればその技術に名前をつけてクローズアップし、商品の違いを際立たせる魔法の要素として売り込む。特許をとっている技術ならますます都合がいい。

クレストが虫歯を予防するフッ化物を添加した歯磨きを開発したときには、「第一スズフッ化物入り」であることを派手に宣伝した。誰かがそれを理解したか？　ノー。それで不都合があったか？　ノー。「何かすごいものらしい」と思わせれば、それで充分だった。

ソニーがテレビで優位を占めはじめたとき、「トリニトロン」を大々的に宣伝した。誰かがその技術を理解したか？　ノー。それで不都合があったか？　ノー。「何かすごいものらしい」と思わせれば、それで充分だった。

GMはキャデラックの「ノーススター・システム」の宣伝にたぶん一億ドル以上かけた。誰かがこのエンジンがどんなものか理解したか？　ノー。それで不都合があったか？　ノー。「何かすごいものらしい」と思わせれば、それで充分だった。

魔法の成分は説明する必要がない。魔法なのだから。

ハイテクも魔法の成分になる

商品が複雑になればなるほど、ライバルとの差別化のために魔法の成分が必要になる。

シリコン・グラフィックスは3Dのビジュアル・コンピュータ・ワークステーションを開発した。すばらしい商品だったが、きわめて複雑なマシンでもあった。わたしたちはこのワークステーションには「ジオメトリ・エンジン」と呼ばれる独自の技術が使われていることを知った。そこでこの設計要素をマーケティングの核として大々的に打ち出すべきだと提案した。同社の商品がほかより優れていて、しかもよそとは違う決め手だったからだ。

アセア・ブラウン・ボヴェリ（ABB）のアキュレイは製紙産業向けの品質管理システムだ。この新しいシステムは製造される紙全体をモニターし、どんな欠陥でもすぐに発見して修正できるので、製品の歩留まりは劇的に向上する。すべてを視認できるメリットはすばらしい。だが、わたしたちはどうしてそれが可能なのかを知りたいと思った。するとそこにはわたしたちが「特許プリズム技術」と名づけた魔法の成分があった。誰か、この技術を理解できたか？　ノー。それで不都合があったか？　ノー。「何かすごいものらしい」と思わせれば、それで充分だった。同社のシステムがほかより優れていて、しかもよそとは違う決め手になったのだ。

画期的な進歩を強調する

商品の良さは誇示しなくてはいけない。

技術革新があったなら、派手に強調すべきだ。たとえばジョンソン&ジョンソンの傘下で心臓病関連の医療器具を作っているコーディスがそうだった。

この六年、非常によく売れた（儲けも大きい）コーディスの商品の一つに、「ブライトチップ」ガイディングカテーテルがある。特許を得た先端《チップ》が動くこのカテーテルは、身体の内部にあるときでもその先端を簡単に視認できる。心臓専門医はこれを使って心臓動脈にステントやバルーンを入れれば、正確にカテーテルの先端がどこにあるか「見られる」のだ。それまでは手探りで行なうしかなく、手術の途中で動脈を傷つけることも多かった。

この製品の違い——「ブライトチップ」は驚異的な技術で、いまでは業界の大半が真似ている。しかしライバルが少なくとも七社はある市場で、「ブライトチップ」はいまも六〇パーセントのシェアを獲得している（ブライトチップがこの技術の代名詞になったことも大きな理由だろう）。

商品の技術革新

商品アイデアのなかには、埋もれていないないし魔法でもない、というものもある。なにか新しい妙案がみつかったら、そこを土台に商品をポジショニングすべきだ。

ダブの石鹸は長年、北米でナンバーワンの地位を占めてきた。差別化に成功した決め手はパッケージのブランド名の下に記されている。「モイスチャー・ローション」だ。モイスチャー・ローションを使っているから肌にとてもいいですよ、というわけだ。

スキー板ならたいてい、雪のうえでよく滑ります、と謳っている。だがディナスターというブランドはコントロール性を向上させる技術を開発した。そして「独自のピンテール設計」と名づけ、技術革新とスキー板のメリットを結びつけて、「ピンテール技術でピンポイント・コントロールを」と謳った。これでスキー板が差別化された。

ディジョルノ・ピザは冷凍ピザの再加熱という問題を解決した。通常、冷凍ピザは二度、加熱されることになるが、このピザの生地は未発酵で加熱していない。消費者がオーブンに入れたときに初めて焼かれる。焼きたての味はレストランで食べるピザに負けない。これで冷凍ピザが差別化された。

システムの技術革新

システムでも、差別化できる可能性がある。

ブラック&デッカーはヴァーサパックという技術革新でこれを実行した。ヴァーサパックはいろいろな電化製品に使える充電式乾電池だ。同社はこの新商品を売り込むために全国にバンを走らせ、消費者にヴァーサパックを実体験してもらうキャンペーンを繰り広げた。

カリフォルニア州ワトソンヴィルのグラニット・ロックは砂利や砂を地元の建設業者に売っている（砂利や砂はあまり差別化できる商品ではない）。大量の建設資材を運ぶためにトラックを借りると一分あたり一ドル以上かかるから時間は重要な要素だ。

そこで同社は作業の迅速化のために、銀行のＡＴＭに似た自動積載システムを開発した。個別に発行されたカードを差し込むと資材が出てきて、レシートが発行される。グラニットエクスプレス・システムと名づけられたこのやり方のおかげで、積載時間は二四分から七分に短縮された。これで、土砂や砂の購入にも違いが生まれた。

正しい製法とは——

商品の製造方法には正しいやり方と間違ったやり方がある。間違った、あるいはあまり好ましくない製法は、コストカットのために導入されることが多い。コンサルタントはこれを「製造工程の改善」（言い換えれば「コストカット」）と呼ぶ。正しい製法はコストが高くても、より良い製品を生み出す。

産業全体が間違った方向に向かっているときには、正しい製法で差別化することができる。イタリアン・レストランにトマトソースを納めるスタニスラウス・フード・プロダクツがそうだった。同社の戦略は、濃縮トマトソースが主流になっている業界の流れに逆らうことだった（濃縮トマトソースのほうが安いし、輸送も容易）。オーナーのディノ・コートパッシは、濃縮プロセスを経ていない新鮮なソースのほうが優れていると考えた。コストは高くなるが、味がいい。ライバルには気の毒ながら、アメリカの本物のイタリアン・レストランのほとんどが彼に賛成し、同社は業界のリーダーになった。しかも価格の高いトマトソースで。

おいしい材料のおいしいピザ

パパ・ジョンズ・ピザの創立者でCEOのジョン・シュナッターも、ディノのソースの作り方に賛成した一人だった。

シュナッターは父が経営する居酒屋でピザを焼くときにディノのソースを使い始めた。そしてパパ・ジョンズというピザ・チェーンを始めたときにも、値段の高いソースを使い続けた。ほかの大手チェーンはあまりおいしくない濃縮トマトソースを使っていたから、ジョンは自分のピザの焼き方を説明することで差別化できた。メッセージは非常にわかりやすかった。「おいしい材料を使ったおいしいピザ」

現在、ジョンの店は三〇〇〇を超えている。「製法」の違いのおかげで、パパ・ジョンズはアメリカで最も成功したピザ・チェーンになった。

昔ながらの四角いバーガー

いい商品の物語といえば、ホワイト・キャッスルもある。アメリカ東部と中西部の三三〇の店で掌サイズの四角いバーガー（「スライダー」とも呼ばれる）を売っているホワイト・キャッスルは、アメリカで最初のハンバーガー・チェーンで、アメリカの象徴のような存在だ。創業以来七〇年余り、ホワイト・キャッスルは商品もお城のような店舗もほとんど変わっていない。なにしろ、いまのCEOは創業者の孫なのだ。

ホワイト・キャッスルが丹念に守ってきたバーガーは、数限りないライバルを尻目に生き延びた。その結果、世代から世代へと引き継がれたほとんど熱狂的といっていいファンがいる。冷凍スライダーもあって、店舗のない地域のスーパーマーケットで販売されている。

その成果は驚くほどだ。店舗あたりの売り上げで勝るのはマクドナルドだけ。ホワイト・キャッスルは「堅実に」のお手本のような会社である。

「自分たちのオーブンで焼いています」

チェーンの傘下に入らない最後のマッツォ・メーカー、アロン・ストライトにも似たような物語がある（マッツォとは、イスラエル人たちがエジプトから逃げ出すときに携えていた、パン種も塩も入っていない非常に素朴な伝統あるクラッカーのこと）。

B・マニシェヴィッツに支配されている市場でストライトのシェアは小さいが、ここでマッツォを作っている人たちはライバルと自社のマッツォの違いが伝統にあることをよく知っている。最近の趨勢に従って他の商品の多くは外注しているが、マッツォだけはいまもマンハッタン南部のリヴィングトン・ストリートで（一九一四年以来ずっと同じ場所で）作り続けているのだ。

ストライトの広告を見ると、この会社が差別化とは何であるかを心得ていることがわかる。「なぜストライトのマッツォはほかの国内ブランドのマッツォと違うのか？　ストライトは自分たちのオーブンで自社のマッツォだけを焼いているからです」

いまも昔ながらのやり方でマッツォを作っている、というわけだ。

トマトの皮をむくひと手間

パンペロというベネズエラの大手トマト・ケチャップのブランドには、ストライトとは正反対の物語がある。

わたしたちが呼ばれたとき、パンペロはデルモンテとハインツにナンバーワンの地位から引きずり下ろされていた。傾きかけたパンペロに必要なのは、そのとき謳っていた「ほかより赤い」とか「ほかよりおいしい」という以上の、品質を明確に差別化するアイデアだった。

なぜほかよりおいしいのか？　どんなふうに商品を作っているのか？　しばらく聞いていくと、パンペロでは香りと色を良くするためにトマトの皮をむいているという事実が浮かび上がってきた。それこそ大手のライバルにはない独自の製法だ。

これはいい。パンペロは「皮をむいたトマト」だから品質も味もいい――このコンセプトこそブランドの評判を取り戻す最善にして唯一の方法だと助言すると、会社側はとてもあわてた。コストカットと自動化のプロセスで、(デルモンテやハインツと同じく)皮をむかない方法を導入しかけていたからだ。昔ながらのやり方で作りなさいと言われるのを喜ばなかった。

だがわたしたちは、自動化計画をただちに中止するようアドバイスした。「皮をむく」ことこそ差別化の決め手だからだ。大手のライバルと同じことをしたら、敗北は決定的だ。

高くても売れる商品

「より良い製法」があるなら、もう少し高い値段をつける根拠にもなる。ディノ・コートパッシのトマトソースがそうだった。値段を上げれば、ライバルは安っぽい方法をとっていると顧客に知らせることにもなる。

フルーツジュースという成熟市場でフレッシュ・サマンサがやったのがまさにそれだ。同社が市場シェアを伸ばしている秘密は、新鮮な果物や野菜を巨大なジューサーで絞っていることにある。個別パッケージされたフルーツジュースは非常に高価だ。ほかのフルーツジュースよりほんとうに品質がいいかというと、そうではないかもしれない。だが健康志向のアメリカ人消費者はそう考えている。ときには商品の作り方で特別な存在になることができるのだ。

ハンドメイドは価値になる

手作りほど特別なものはない。

クアラルンプールから車で少し走ったところに、ロイヤル・セランゴールの工場がある。この会社の錫《すず》製品は世界最高と評判だ。工場を見て回ると、違いはすぐにわかる。すべてがていねいな手作りなのだ。

商品が手作りだと（あるいはそう表示されていると）、人はそれを芸術品のように感じる。作っている人たちがほんのわずかな収入しか得ていなくても関係ない。高い技術と繊細な気配りで職人が作っているものと思うのだ。だからたとえ機械のほうが良い商品ができたとしても、人間の手で作られたというだけで、価値があるいいものだと感じる。

究極の芝刈り機はロックという。バチカンやヤンキースタジアム、ホワイトハウスで使われているものだが、これも手作りだと記されている（値段も二五〇〇ドルと安くない）。

だからもしあなたの商品が手作りですと言えるなら、そう強調しない手はない。

病院の理想的なデザインとは

病院を設計、建築するときに健康につながる工夫をすれば、人々が不安になる場所を温かくて気持ちのいいところに変身させられる。

多くの研究によると、良い設計の病院とは、患者や家族を温かく迎え入れて、ストレスを軽減し、人々が元気になる手助けをし、五感に心地よく、自然と美を取り入れたものだという。

では、フレンドリーで健康的な病院はどうすればできるか？　まずは第一印象だ。係員による駐車や無料の駐車場、遠くの駐車場からのシャトルといったサービスをする。ロビーにはレセプションを置き、音楽を流し、花を飾る。パブリックスペースのドアはガラスで、アクセント照明にする。壁は汚い色ではなく元気の出る色にする（ペンキ代は同じだ）。

中庭やルーフトップ・ガーデン、テラスがあれば、ストレスの多い環境に外の世界を取り入れることができる。待合室は自然照明にして、芸術作品を飾り、泉水を作り、水槽を置く（うるさいテレビは置かないこと）。ナースステーションは開放的で親しみやすくなければいけない。病棟に小さなキッチンを設ければ、患者の家族が食べ物をもってきて一緒に食事を囲みながら考えたり決断したりできる。

それは理想的だが無理だとお思いなら、コネチカット州の工業都市ダービーにあるグリフィン病院を見学するといい。ここの入院患者は年間一万二〇〇〇人で、外来患者は年間一四万人。いま言った「あるべき条件」のすべてを満たしている。医師や看護師たちも病院のデザインに喝采を送り、患者の満足度は平均して九八パーセント。一九九九年から毎年《フォーチュン》誌の「働きたい会社ベスト一〇〇」入りしているアメリカで唯一の病院でもある。

ほかとは違う棺

ベイツヴィルはアメリカの棺メーカーのナンバーワンだ。そして、この会社ほど差別化に努めているところはほかにない。「陰極防食」した金属の棺を作っているのはベイツヴィルだけだ。

これはアラスカのパイプラインや船舶を腐食から守っているのと同じ技術だという。

さらに「モノシール」という決して漏れないシステムもある。なんと同社では漏れがないか、すべての棺を真空状態で検査しているという（たとえ欠陥があってもまず発覚しない商品であることを考えれば、大変印象的だ）。おまけに七五年保証の棺まである。

ミリアム伯母さんをベイツヴィルの棺で葬れば、遺族は最高の棺で埋葬したから伯母さんは風雨から守られると安心できるわけだ。

宣伝なしでも売れるクラッカー

誰でも子どものころアニマル・クラッカーを食べたはずだ。バーナムズ・アニマルというサーカスの動物のかたちをした甘いクラッカーは、一〇〇年近く前からナビスコの主力商品だ。

明るい赤の車両のかたちをした独特の箱に入ったこのクラッカーは、何年もほとんど宣伝らしい宣伝をしていないのに、非常によく売れている。テレビCMもラジオCMも新聞雑誌の広告もない。それでもいちばん馴染み深いブランドであり、商品の一つであり続けているのだ。

独自の製法がどれほど強力かを示す証拠である。

18章

差別化⑨「最新」で差をつける

ハイテクの時代、変化が急な世界で、人は「次世代」製品という言葉に慣れ、期待さえするようになった。

そこで企業には、製品の改良より次世代を目指すことを提案したい。それが差別化の確かな方法となるからだ。誰だって古い廃《すた》れた商品と思われそうなものは買いたくない。競争相手を出し抜くには、前より優れているだけでなく「新しい」商品というポジションをつかまなくてはいけない。

自社製品をどんどん陳腐化するインテル

わたしたちはずっと以前から、強力なリーダーは次世代製品に積極的だと言い続けてきた。その典型がインテルである。

同社のマイクロプロセッサーの歴史には実に驚かされる（表18・1参照）。常に現行商品を捨てて次世代商品を投入することで高度なマイクロチップ・ビジネスを支配してきたインテルに太刀打ちできるライバルはいない。価格面でさえも、だ（安くしても「旧式じゃないか」と言われてしまう）。

常に次世代のカミソリ刃を送り出し続けているジレットの戦略も、次世代商品で市場を支配する好例である。

表18・1◉インテルのマイクロプロセッサー（1974〜2007）

1974	8080
1982	286
1985	386
1989	486
1993	ペンティアム
1995	ペンティアム・プロ
1997	ペンティアムII
1998	ペンティアムIIジオン
1999	ペンティアムIII
1999	セレロン
2000	ペンティアムIIIジオン
2001	アイテニアム
2002	ペンティアム4
2003	ペンティアムM
2004	ペンティアム4E
2007	コア2クアッド

同じことはGEが電球という地味な商品を改良する努力にもあてはまる。最新の電球は、ラベンダー色のエンリッチ。色のコントラストがはっきりして家具や装飾などがあざやかに見える。

次世代のスキーブーツ

マイクロプロセッサーとは違って、次世代のスキーブーツはそうしょっちゅうは現われない。だから登場すればドラマチックで、人々はすぐに古いタイプから最新のタイプに乗り換える（どのみち、もう履き古しているし）。スキー愛好者でない方々のために説明すれば、業界のリーダー、ラングのスキーブーツは高性能で、ほとんどのプロ・スキーヤーは同社のブーツを履いている（「みなに選ばれている」という差別化）。だが自動車と同じで高性能のスキーブーツはほかにもいろいろあり、もっと履き心地が良いブーツもいくつかある。

どう見ても変化が乏しく不活発なこの市場でシェアを拡大するには、少し新味があるくらいでは足りない。次世代のスキーブーツを送り出したラングのように、高級スキーブーツの需要を独り占めできるくらいの製品開発が必要なのだ。

膝を守る技術開発

ラングの技術者たちは、スキーヤーの膝の怪我が三〇〇パーセントも増加したという問題に取り組むことから始めた。よく調べると、スキーそのものは以前よりも安全になっていたのに、仰向けの転倒が原因の怪我が増加していることがわかった。スキーブーツがしっかりと板に固定されているので、膝に負担がかかって怪我をするのだ。

この問題を解決するために、ラングは「レア・リリース・システム」を開発した。スキーヤーが仰向けに転んだとき、自動的にブーツの後ろが外れ、膝に負担がかからないシステムだ。

わたしたちは、このシステムを新しい特色としてではなく、「膝を守る次世代のスキーブーツ」

として売り込むべきだと助言した。これなら高性能と謳うよりも、もっと幅広い消費者にアピールできる。誰もがレースをするわけではないが、誰にも膝はあるからだ。

この製品開発は、同社が積み重ねてきたスキーブーツの技術開発における長い歴史の延長線上にあった。一九七〇年に足首を守る最初のスキーブーツを生み出してから三〇年、ついに膝の怪我を防ぐ最初のスキーブーツを送り出したのだ。技術面でトップをいくラングの信頼性はさらに高まった。

膝を守るスキーブーツ、確かにこれまでのブーツとは違う。

胃薬をめぐるバトル

常に次世代商品を送り出している業界といえば、製薬業界だろう。胃薬をめぐる最近のバトルを見てみよう。

一九七〇年代半ばに発売になったヒスタミンH２拮抗剤は、胃潰瘍など胃酸に関連する病気の治療に革命をもたらした。これによって胃潰瘍は治療できる病気になり、手術が必要な症例は激減した。最初のヒスタミンH２拮抗剤であるタガメットは、年間売り上げ一〇億ドルを記録したこともある。やがてザンタックがタガメットを追い抜き、安定して年間売り上げ二〇億ドルから三〇億ドルを保っている。一九八〇年代末にアメリカ食品医薬品局に認可されたペプシドとアクシドという二つのヒスタミンH２拮抗剤も順調に利益を上げている。

一九九三年、プロトンポンプ阻害剤という次世代の制酸剤がアメリカでデビューした。商品名はプリロセック。ヒスタミンH2拮抗剤とプロトンポンプ阻害剤は、胃酸の分泌を抑制する仕組みが違う。ヒスタミンH2拮抗剤のほうは胃壁の細胞にあるヒスタミン・レセプターの働きをブロックするが、プロトンポンプ阻害剤は胃の細胞のアシッドポンプを不活性化して胃酸の分泌を減らす。

ヒスタミンH2拮抗剤と比べてプロトンポンプ阻害剤は胃酸の分泌の抑制力が高いので、服用回数が少なくてすむ。プリロセックはこの利点を中心に宣伝をした。

それからわずか三年後の一九九六年、同商品はザンタックから市場リーダーの地位を奪いとった。一九九八年には胃薬市場で三三パーセントのシェアを獲得し、世界中で販売、三九億八〇〇〇万ドルを売り上げた。

そしていま、胃潰瘍の原因になるヘリコバクターピロリが発見されて、胃潰瘍の治療法は胃酸分泌抑制から抗生物質へと変化しようとしている。

「改良」ではなく「画期的な違い」

製薬業界の次世代製品は、それまでの製品と性質が異なる。化学的に違うし、体内での働きも違うのがふつうだからだ。

ほんとうに新しい技術だと消費者に納得してもらうためには、この「画期的な違い」を明確にすることがとても重要だ。違いが明らかであればあるほど、売り込みは容易になる。

電子レンジと従来型のオーブンとのバトルも同じだ。このバトルでは従来型オーブンが勝利したが、電子レンジの製造業者は新たな攻撃を開始した。電子レンジの「見た目がよくなくて加熱むらがある」という問題を解決したのだ。次世代の電子レンジにはおいしそうな焼き色がついた歯ざわりのよい料理をつくる技術が追加されている。ハロゲンランプや熱風を使うのである。この電子レンジは「改良版の電子レンジ」ではなく、「スピードクッカー」と名づけられた。これで過去と決別できる、と業界は期待している（過去との決別が必要なのは間違いない）。

コンピュータでコントロールされる注射

電子レンジ業界のバトルで見えてくるのは、次世代商品を作るために別の技術を追加するという戦略だ。これは違いを生み出す非常に効果的な方法である。理解できてもできなくても、前より良くなったんだと消費者にすぐわかるからだ。

マイルストーン・サイエンティフィックは、自社のコンピュータ技術を、なんと皮下注射針というシンプルな製品に付け足すことで次世代商品を作った。それがワンドで、コンピュータでコントロールされる最初の注射システムと謳われている。小型コンピュータが麻酔薬の量をコントロールして完璧な量を注入するので、ほとんど痛くない局所麻酔注射ができるようになった（ワンドには「スローフロー技術」という魔法の成分まである）。

何より驚くのは、親指でコントロールする皮下注射器は一五〇年もほとんど変化がなかったということだ。「次世代」が長いあいだ待たれていたのである。

直販という違いによってビジネスを築いたデル・コンピュータも、別の技術を追加した。パソコンにウェブ・サービスを組み合わせたのだ。違いを維持するために、いわば基準を引き上げたのである。

次世代商品を導入した実績を生かす

商品部門に変化の歴史があるなら、そして自社がその一翼を担ってきたのなら、それを売り込みに活用すべきだ。過去に「次世代」商品を導入した実績は、次世代商品を開発する企業という大きな信頼性の基盤になる。

コンパックに吸収されたDECがそうだった。同社には次世代の64ビット・アーキテクチャを大々的に売り出すチャンスがあった。しかし残念ながらそのチャンスを、そして社の未来をも逃してしまった。

コンピュータの歴史に明るくない方々のために説明すれば、全世界が16ビットの時代に、DECは32ビットのVMSオペレーティング・システムとVAXのアーキテクチャを開発して、世界第二位のコンピュータ・メーカーになった。そこで、この32ビットのミニコンピュータに、64ビットのワークステーションをつなげるチャンスが訪れた。

ところがDECが64ビットのアーキテクチャを発表すると、専門家は「誰もそんなものを必要としない」と冷ややかに反応した。このとき同社は、「32ビットのマシンが発表されたときにも専門家は同じことを言ったが、結果的には彼らが間違っていた」という事実を活用すべきだった。最善の戦略は、こう問い返すことだっただろう。「また歴史が繰り返されるのではありませんか？　一度起こったことは、また起こるかもしれませんよ」

コンピュータの世界では、おおぜいの人がそうなるだろうと思えばそうなる。DECはおおぜいの人に64ビット・アーキテクチャが広まると思わせる努力をしなかった。

最新、必ずしも成功せず

ところで厳しい知らせがある。次世代ゲームには何としてでも避けなければならない落とし穴があるのだ。避けそこなうと大問題になる。注意点をまとめよう。

存在しない問題を解決するな　次世代商品は、どうでもいい問題ではなく真の問題を解決する製品でなくてはいけない。ダウ・ケミカルは「漏れてもクランクケースに害がない」というのが謳い文句のダウサム209という不凍液を売り出した（この不凍液は古い世代の不凍液の二倍の値段だった）。まずかったのは、以前の不凍液がほとんど漏れなかったことだ。存在もしない問題の解決のために二倍の値段を支払うだろうか？　ほとんどの人はそんなことはしなかった。

伝統を破壊するな　古いやり方が好きで、誰も解決したいと思っていない問題もある。たとえば球場の殻つきピーナッツ。観戦しながら剝いて食べるので、試合が終わるころにはピーナッツの殻で足首まで埋まるほどになる。このゴミ問題を解決するために、ハリー・M・スティーヴンスは殻を剝いたピーナッツをセロハン袋に入れて売り出した。だが野球ファンは怒った。売り上げは急減し、不満が高まった。結局、球場の客はまたピーナッツの殻をかきわけて引き上げることになった。

良いものでなければならない　いままでに比べて良くもないのに、どうして次世代に移らなくてはいけないのか？　アメリカ造幣局は一ドル札の代わりにスーザン・B・アンソニーの肖像画がついたコインを鋳造した。造幣局としては紙幣の印刷代その他で年間五〇〇〇万ドル節約できるので大幅な改善だ。ところが市民のほうには何のメリットもなかった。二五セント硬貨にそっくりだったし、多くの人はきれいなコインでもないと思った。さよなら、スージー。

しのびよる最新の「破壊的技術」

ハーバード・ビジネススクールのクレイトン・クリステンセンは著書『イノベーションのジレンマ』（翔泳社）で、「破壊的な技術」について紹介している。

要するに、新しい技術はヒツジの皮をかぶったオオカミのようにやってくる場合が多い、という。いままでの顧客のニーズやウォール街の収益期待に応えているわけではないし、たいした技術にも見えない。ところが、いったん定着すると急激に発展して、いつのまにか主流の技術になり、真の次世代商品を送り出す。

ミニコンピュータのリーダーだったDECはパソコンを無視した。そのころは本格的なテクノロジーではなかったからだ。たかが玩具じゃないか。ところがさほどたたないうちに、その玩具のせいでDECはつぶれた。

メリル・リンチは次々に洗練されたサービスを打ち出すトップ企業だったが、チャールズ・シュワブが市場で最も魅力の小さな顧客に狙いを定めたところ、その後の技術革新のおかげで、シュワブはもう「たかがディスカウント・ブローカー」ではなくなった。

別組織で新技術を展開する

破壊的な技術に対する唯一の解毒剤は、まったく別個の組織を作るか買収するかして、新しい技術を展開することだろう。違う会社でもいいし、違うブランドでもいい。

古いものにいつまでもしがみついて、古いやり方しか理解できない会社に新しいものを手がけさせるのは間違いだ。

コダックが、デジタルカメラは伝統的なフィルムへの脅威だと感じるなら、新しい技術をコダックに吸収するのではなく、違う会社を立ち上げて違うブランドで売り出したほうがいい。そうやって新しい会社で古い会社に攻撃をかけるのだ。

次世代の銀行

一〇年ほど前、進取の気性に富んだ銀行がカナダに進出して、支店もATMもなし、小切手帳も発行せず、最低預け入れ額の決まりもなしでやっていけるかどうかを試みた（独自性である）。銀行は生き残っただけでなく、繁盛した。そこで、このINGというオランダ生まれの総合金融機関はさらに八カ国で「INGダイレクト」を展開した。アメリカではINGダイレクトは最大のインターネット銀行になり、九〇〇億ドルのオンライン預金の半分以上を受け入れている。

一つも支店がないのに、INGダイレクトはアメリカの全銀行のランキングで二四位に位置している。二〇〇七年半ばの預金口座数は五〇〇万で、さらに毎月一〇万ずつ増えているという。

建物をもたないこの新興銀行は預金に四・五パーセントの利子をつけることができた（アメリカの銀行預金の平均利子率は一パーセント未満）。低コストでシンプルに事業を展開すれば、当座預金も貯蓄性預金も一種類、住宅ローンは二種類だけ（五年と七年）ということになる。

どうして三〇年ローンがないのか？　INGダイレクトのCEOは、ほとんどの人は七年以内に引っ越したり借り換えるから必要ない、と言う。

この独自の考え方で、INGダイレクトはシティバンクやHSBC、キャピトル・ワン、E－トレードなどのインターネット銀行の草分けとなった。いまはいずれのネット銀行も手数料なし、最低預け入れ額なしで、平均以上の金利を提供している。

19章

差別化⑩「ホット」で注目を集める

自社が流行の先端をいっているなら、世間にそれを知らせなくてはいけない。16章で説明したように、消費者はヒツジのようなものだ。だから何が流行り《ホット》で何はそうでないのかを知りたがる。クチコミがマーケティングの強力な武器になるのもそのためだ。クチコミではたいてい誰かが誰かに、何がホットか教えている。

流行りは推進力になる

残念ながら多くの企業は成功を声高に語るのを遠慮する。まず、自慢するのはいいことではないと言う。厚かましいじゃないか、行儀も悪いし。だがこの遠慮の陰にあるのは、いつまでもホットではいられないかもしれないという不安だ。ホットでなくなったらどうする？　みっともないじゃないか？

わたしたちが言いたいのは、会社や商品を離陸させるのは人工衛星の打ち上げのようなものだ、ということだ。軌道に乗せるには、最初に猛烈な推進力が必要なのである。乗ったあとは、また別の話になる。

ライバルよりもホットで、売り上げが急増しているなら、ブランドを必要な高度に打ち上げる推進力になる。軌道に乗ったら、あとはそれを維持するためにどうすればいいかを考える。

コルベット・キャニオンというお手本

このプロセスをよく理解するために、ワインの世界をのぞいてみよう。

ワインは差別化が容易ではない。だが、カリフォルニア中央部の海側の渓谷で生まれたコルベット・キャニオンというワインは、それをやってのけた。まず客が小売店に入ってワイン売り場を眺めたときに真っ先に目立つ、独特なかたちのボトルを選んだ。これが最初の差別化。次に、「キャニオン、キャニオン、キャニオン」と谷のこだまのように繰り返して印象づけるユニークなラジオCMを流した。独特のボトルと記憶に残るラジオCM、それに手ごろな価格で、このワインは離陸し、アメリカで最も成長著しいワインになった。

駄目押しとして、同社はこの事実をラジオで宣伝した。カップルがさりげなく、アメリカでいちばん成長しているワインはどこだろうと話し合い、ライバルの名をあげていく。どれも違う。するとと「ヒント、ヒント、ヒント」という声が流れる。答えは明らかだ。カリフォルニア中央部の「キャニオン、キャニオン、キャニオン」、すばらしいワインができる渓谷（キャニオン）で作られているワインである。

見事な推進力で、コルベット・キャニオンは軌道に乗った。

戦略のシフト

じつはこの「キャニオン戦略」は、わたしたちが考えた仮想の話だ。会社や商品は永遠に「ホット」ではいられないから、勢いが弱くなったら、違う戦略を考えなくてはならない。コルベット・キャニオンなら、成功の理由を説明してみせなくてはならないだろう。生産場所のキャニオンが違うとか、品質コンテストでの受賞、値段、何でもいい。

「ホットであること」のいいところは、長期にわたる差別化につながることだ。マーケットには、あなたの会社や商品の成功の陰にある物語を信じようという姿勢ができる。この駄目押しがないと、軌道に達するどころか、墜落して競争のなかで燃え尽きてしまうだろう。

ホットチキン

ちまたの流行で会社や商品がホットになることがある。アメリカ国民の味覚にもそんな例がある。メキシコ料理人気のおかげで辛いものを好むようになり、スパイシーなチキンが新しくホットな食べ物になったのだ。

ポパイズ・チキンはぴりっとしたケイジャン・スタイルのフライドチキンだ。「刺激のないチキンからアメリカ人を救いたい」というテレビCMを流している。広告費は一二〇〇万ドル、巨大なライバルのカーネルに比べればほんのわずかだが、チキンの味がホットな差別化のポイントになり、同業他社を尻目にKFCに次ぐチキン・レストランになった。

次にポパイズがするべきことは、「刺激のないチキン」の王者KFCを追い上げている事実を宣伝することだろう。ほとんどの人はポパイズのチキンがピリ辛《ホット》であることは知っている。だから売り上げもホットだと知らせなくてはいけない。

ホットになるさまざまな方法

「ホット戦略」には、どうしてホットかを自分で決められるという利点がある。気づいている人が少ないのだが、ホットの定義はたくさんある。よく見られる方法はこんな具合だ。

売り上げ　いちばんよく使われるのは、ライバルとの売り上げ比較だ。必ずしも年間売り上げでなくてもいい。六カ月、二年、五年。自社がベストになる期間を選ぼう。それにライバルと比較しなくてもいい。当社比でもかまわないのだ。

業界のランキング　ほとんどの業界には年間ランキングがある。《レストラン・ニュース》のような業界誌、《U・S・ニューズ&ワールド・レポート》のような消費者向けの雑誌、それに

J・D・パワーのような組織で発表される。どれかで良いランキングを獲得したら、できるだけ積極的に活用しよう。

業界の専門家 業界によってはコラムを書いていてよく引用される専門家や評論家がいる。たとえばハイテク分野のエスター・タイソンやガートナー・グループがそうだ。こういう人や機関の言葉を成功の裏づけとして使うこともできる。ハリウッドはこの手法でホットな映画を、出版界もホットな本を確立している。

引用を駆使して謳う

《フォーチュン》誌の広告は「ホット」を差別化に使う典型的な例だ。《ニューヨーク・タイムズ》の一面広告で、同誌がいかに「ホット」であるかをありとあらゆる方法で宣伝している。業界メディアやビジネス雑誌からの引用がある。一般紙からの引用もある。顧客の言葉もある。さらに四種類の販売数字をあげている。そして締めくくりに（引用ではなく）「《フォーチュン》、いつでも最高にホット」と謳っている。

読者は《ビジネス・ウィーク》や《フォーブス》がホットかどうか知っているだろうか？ ノー。それで不都合があるか？ ノー。読者にわかるのは、《フォーチュン》はホットな雑誌らしいから何か違いがあるのだろう、ということだけだ。

マスコミを使って波紋を広げる

自分で宣伝するのもいいが、他の誰かが宣伝してくれればもっといい。だからこそ、積極的PR作戦には大きな見返りが期待できるのだ。

重要なのは、第三者の推薦はきわめて強力だという事実である。隣人でも地元紙でも、人は第三者なら偏りのない情報源だと感じる。第三者がホットと言うならほんとうにそうなのだと思う。

このようなPR作戦で成功するのは、池に石を投げ込むようなものだ。波紋は最初は小さくても池全体に広がっていく。最初に取り上げるのが専門家だけでも、それが業界誌に広がり、やがてビジネス誌や一般メディアに広がっていく。インターネット・サービス会社のCEOさえ、インタビューでマスコミの重要性を指摘している。

マスコミは引きずり下ろすことも

ホットになるのと、ホットであり続けるのとは違う。ホットを維持するのはなかなか難しい。

次に掲げるのは、二〇〇七年に、ある週刊誌が「最もトレンディな一〇のホテル」としてあげたリストだ。古臭くなく、センスがよくて、心地よく、近代的な安息の場所。地元のスターや有名人、そして最高にクールな人々が集まる場所である。

①ニューヨークのソーホー・グランド・ホテル
②ロンドンのザ・メトロポリタン
③マイアミのデラノ
④オーストラリア、クイーンズランドのパラッツォ・ヴェルサーチ
⑤ブエノスアイレスのデザイン・スイーツ
⑥香港のグランド・ハイアット
⑦パリのベル－アミ
⑧モントリオールのセントポール・ホテル
⑨オマーン、マスカットのチェディ・マスカット
⑩ロサンゼルスのモンドリアン

もちろん、どれもおしゃれなホテルだが、二〇一〇年、二〇一五年にもまだトレンディだろうか？

今日の流行は、明日は時代遅れかもしれない。マスコミはホットにしてくれるが、ホットの座から引きずり下ろすこともあるのだ。

iPhoneはいかにしてホットになったか

スティーブ・ジョブズほどホットな商品を生み出すのがうまい人はいない。彼はジーンズでステージに登場し、マスコミを魅了する。そのいちばん見事な例がiPhoneの発表だろう。クチコミが最大限に利用されて、四億ドルの効果をあげた。

パイパー・ジャフレーの調査によると、八四パーセントがiPhoneについて耳にしており、二五パーセントは五〇〇ドルなら買うと答えた。しかしCMといえば、三〇人以上のスターが受話器をとりあげて「ハロー」と繰り返す、新旧さまざまな映画のシーンをつなげたものだけ。それもアカデミー賞授賞式の中継でのみ放映された。それでもマスコミは大注目し、おかげで非常にホットになった。

どんな問題を解決したかを知らせる

マスコミを間接的に使いたいなら、会社や商品が解決することになった問題について記事にしてもらうといい。大きな問題を解決するのに一役果たしたと消費者に思ってもらえれば、大いに重要性が増すだろう。元来マスコミは成功よりも問題を書きたてるほうが好きだ（良いニュースより悪いニュース）。

トヨタのハイブリッドカー、プリウスを見ると、このことがよくわかる。消費者は自分たちが環境問題に敏感であることを示すために、ガソリンを節約できるハイブリッドカーを買う。マスコミに環境問題について追及されて、やむなく同じ路線をとるまで、ＧＭはハイブリッドカーの技術に熱心ではなかった。

20章 「成長」に潜むワナ

ブランドの独自性を失わせる原因を一つあげるとすれば、「成長願望」だ。もっと成長して大きくなりたいという欲望は、ほとんど脊髄反射みたいなものらしい。その核心にあるのは、成長すれば報われるという思いだろう。CEOはその地位に留まって報酬を引き上げるために、成長を追求する。ウォール街の証券会社は自分たちの名声と報酬を確保するために、成長を追求する。

だが成長はほんとうに必要なのか？　経済学者のミルトン・フリードマンは「成長しなければならないという絶対的なニーズがあるわけではない。成長したいという絶対的な欲求があるだけだ」と言う。

わたしたちに言わせれば、会社が成長という神を追い求めると二つの困ったことが起こり得る。一つは路線を踏み外し、差別化のアイデアで先手を取るチャンスを逃すこと、もう一つは大きくなるだけでなくもっと良くなるチャンスを逃すことだ。

問題①独自路線を踏み外す

先にあげたシリコン・グラフィックスは高性能コンピュータ業界のリーダーだった。だが「高性能」という差別化にリソースを注ぎ込んで先手を打つ代わりに、ウォール街の圧力に負けて業態を広げた。アナリストに言わせれば、高性能コンピュータ市場はニッチで、年間二〇パーセントの成長が見込めない。それで同社はウィンドウズNTその他のパソコンのOSに手を伸ばしたが、どちらも大して利益には貢献しなかった。

コンピュータのポルシェを作っているなら、安いコンピュータに進出してはいけない。もっと多くの顧客に高性能コンピュータが欲しいと思わせて、高性能コンピュータ・ビジネスを支配すればいいのだ（資金のある会社は性能の低いコンピュータなど欲しがりはしないだろう）。

問題②ライン拡大の罠

もう一つの問題は、「終わりなき成長」を追求するあまりに、わたしたちが「ライン拡大の罠」と呼ぶものにはまることだ。これはメガブランドの典型的な考え方で、そのブランドでできるだけたくさんの関連商品や、関連のない商品まで作りたがる。ブランドを「成功」させ、さらに大きく良くするための「内輪」の考え方である。

残念ながらマーケットで効果があるのは、消費者の心に働きかける「外部」の考え方だ。有名企業の例を見てみよう。

●GMにはうまく差別化された五つのブランドがあって、アメリカ市場で五〇パーセントのシェアをもっていた。ところがそれぞれのブランドが成長を目指して同じ機能を追求しはじめた結果、価格も見た目も同じようになった。独自性を失った五つのブランドは、現在あわせて二八パーセントのシェアしかない。

●スナックウェルズというブランドのデビルズフード・クッキーがヒットしたナビスコは、すぐにこのブランドに焼き菓子やクラッカーなどほかの商品を加えたが、どれも本家のクッキーほど成功せず、ブランドそのものの人気も翳りだした。ナビスコはこのブランドを諦めるらしいという噂まで流れている。

●安くて早いハンバーガーで大きな成功を収めたマクドナルドは、もっとレストランらしい業態にしようと考えて、子ども向けハンバーガー、おとな向けハンバーガー、ピザ、チキンなどをメニューに加えた。しかし新しいCEOがとつぜん問題に気づき、基本に立ち返った。新CEOは「わたしたちはフライには目を向けないことにした」と言った。

コカ・コーラのCEOだったロバート・ゴイズエタは言っている。「不動産業界は一に場所、二に場所、三に場所だ。ビジネスでは一に差別化、二に差別化、三に差別化だ」

手を広げれば広げるほどフォーカスがぼけて、商品の差別化は難しくなる。

拡大しても成功したスポーツ・チャンネル

スポーツ専門チャンネルのESPNは、新しいカテゴリー（すばらしいアイデア）のテレビ局だった。その後、ラインはどんどん拡大していき、テレビ、インターネット、ラジオで一七のチャンネルを有するまでになったが、それらは成功しているとしか言いようがない。

フーヴァーズ（企業情報会社のダン&ブラッドストリート傘下にある会社）はESPNを「スポーツ放送界のスーパースター」と呼ぶ。二〇〇五年の売り上げは四一億ドル、アメリカの九七〇〇万世帯で視聴され、一九〇カ国に進出している（ただし、そのすべてが成功しているかどうかはわからない。ESPNの八〇パーセントはウォルト・ディズニー／ABCケーブルが所有していて、収益を公表していないからだ）。

ESPNの成功には二つの理由がある。一つは選択肢になり得る強力なライバルがいないこと。二つ目はどれも「スポーツ放送」を提供しているので、ある意味でリーダーの地位を確立した「スポーツチャンネル」という基本的なポジショニングを崩していないこと。ラインは拡大しても、特色はまったく変わっていないのだ。

拡大が失敗につながる例

マーケティング担当者は元の特色が薄れるほど拡大成長したときの長期的な損害に気づかない。じつはブランドの存在に深刻な疑問が突きつけられているのに。

●第一級のプレミアムビール、ミケロブは、ライトバージョンでも「味わいのよさ」というイメージを維持できるか？　たぶん、できないだろう。

●タンクのようなデザインで安全な車と定評のあるボルボが、従来のデザインでスポーティなオープンカーと認められるか？　たぶん、だめだろう。

●アスレティック・シューズやスポーツ用衣料品のナイキが、とつぜんスポーツ用具のメーカーになれるか？　たぶん、だめだろう。

●プレッピー（名門私立学校に通う良家の子息）のウェア、ラルフローレンのカジュアル・ブランドであるポロが、とつぜんランナーやスノーボーダー向けのクールな最高級スポーツウェアになれるか？　たぶん、だめだろう。

消費者によく知られた顔と違う顔を見せようとすれば、同業他社との違いが不明になり、アイデンティティがあいまいになる。前述したように、消費者の心のフォーカスがぼけてしまう。

それはまた、自社や商品のイメージについて、消費者に考えを変えるよう迫ることでもある。決してよい戦略ではない。人は考えを変えることを嫌う。心理学者に聞けばわかるが、考えを変えるには思考体系を変えなくてはならないからだ（簡単にはいくまい）。

さらには、「何かほかのもの」にならなくてはいけないという問題もある。新しい差別化のためにどのような努力をすべきか？　新しい特色についての信頼性をどこからもってくればいいか？（いずれも簡単にはいかない）。

結局はせっかくのアイデンティティや独自性を損ない、新商品を売るのにも苦労する。これで成功するのはまず無理だ。

ウォール街が警告することも

ウォール街は概して強硬に成長を求める。だが、企業が成長を急ぐあまりに行き過ぎたと考えれば、立ち上がって警告を発することもある。

スターバックスがコーヒーだけでなくフードも提供しはじめたとき、ウォール街はさほど異論を唱えなかった。だが、コーヒーをもっと売る方法を探す代わりにウェブに重点を置くと発表したときには、黙っていなかった。《ウォール・ストリートジャーナル》は「投資家は、熱すぎるモカのカップを取り落とすように、スターバックスの株を手放した」と報じた。創業者ハワード・シュルツがインターネットにのぼせ上がって、「コーヒーを売るスターバックス」という本来の路線から逸脱するのではないかという懸念が高まったのだ。グルメフーズから家具まであらゆるものを売る巨大ネット・ショップになったスターバックスなど、考えられなかった。

株式のシニアアナリストは言う。「必要なのは、すべてをやろうとすることではなく、これもできたらいいというビジネスと、やらなくてはならないビジネスを見分けることだ。収益源はホームグランドにあるのだから」

これ以上的確な表現はない。

ボルボの進出先は?

本業に重点を置き続けるほうが長い目で見ればずっと良い結果になることを、企業はしばしば見落とす。

ボルボが世界一安全な車を作っているなら、どうして突然、スポーツカーに進出するのか? それより世界を見回して、安全な車を必要としているところに進出したほうがいい。インドで車を運転したことがあるだろうか? きっと、もっと安全な車が欲しくなる。同じように、危険なドライバーはたくさんいるが警察官はろくにいない道路は世界じゅうのあちこちにある。

SUVはどうか? ボルボなら破壊試験の成績がよくて、そう簡単に横転しない、いままでより安全なSUVを作れるのではないか。

世界の道路事情から考えて、「安全性」というコンセプトに限界があるとは思えない。まだまだ伸びる余地があるはずだ。

複数ブランドで成長する「補完的アプローチ」

わたしたちは、より大きく、よりリッチになることに反対してはいない。より大きく、よりリッチに——アメリカ人なら当然だろう。わたしたちが問題にしているのはその方法なのだ。もっと良いやり方がある。

一つのブランドだけを守っていれば確かにマーケティング費用は節約できるだろう。しかしブランドを増やしたほうが全体としてシェアが拡大することは、経験が教えている。

コークとナイキは巨大ブランドで、それぞれ約三〇パーセントのシェアがある。いっぽう、ジレットには複数のブランド(トラックII、アトラ、センサー、マッハ3、フュージョン、グッドニュース)があって、全部をあわせた市場シェアは六五パーセントに及ぶ。わたしたちはこのやり方を「補完的アプローチ」と呼んでいる。複数のブランドは互いに競い合うのではなく、補完し合うからだ。

これを成すためには名前もポジションもターゲットも変えなくてはいけない。ときには完全に別のブランドではなくサブブランドでもいい。BMWは3、5、7というシリーズで成功している。どれも「究極のドライビングマシン」だが、ポジションが違うし、ターゲットの顧客層も違う。

スペインの三つのガソリンスタンド・ブランド

スペインの国営石油会社が民営化されて新会社レプソルになったとき、この会社のガソリンスタンドには三つのブランドがあって、全国のガソリンスタンドの半分を所有していた。まず、民営化で生まれた新ブランド（レプソル）、それから国営時代からのよく知られているブランド（カンプサ）、それにスペイン北部だけの地域ブランド（ペトロノル）だ。アメリカならモービルとテキサコ、メリットが一つの会社のようなものだ。悪い考えではない。それでうまくいくなら。

レプソルは当初、三つのブランドを差別化しなかった。社内では一つだが、外向けに三つに分けているという感じだった。しかし五〇パーセントのシェアを守るには、ブランドの差別化が不可避だ。そこで同社は動いた。

自動車重視のブランド

新しいブランド、レプソルは、大々的な広告のおかげで、すでに大半のスペイン人から「技術革新とテクノロジー」の面で高い評価を受けていた。アメリカにもないオクタン価98のガソリンを開発していたこともあり、同ブランドは自動車を大事にする人たちをターゲットにする戦略に打って出た。キャッチフレーズは「レプソル、あなたの車にベストのガソリン」。スペインでは自動車は大変に高価だから、潜在顧客は相当な割合になる。

もちろん、このコンセプトを活かすためには、自動車を大事にする商品とプロモーションにフォーカスする必要があった。そこでわたしたちはオクタン価98のガソリンに加えて、最新エンジン向けの合成オイルを開発することを勧めた。

サービス重視のブランド

市場調査によると、長い歴史のあるカンプサ・ブランドの好感度はとても高かった。ほかのガソリンスタンドと比べ、信頼性という面で図抜けていたのだ（レプソル・ブランドに比べても五〇パーセント高かった）。

カンプサはこのイメージを大事にして、スペインのドライバーに長年行なってきたサービスを強調すべきだ、とわたしたちはアドバイスした。キャッチフレーズは「カンプサ、サービスの六〇年」だ。

この戦略を形にするために、人気の高いカンプサ・ドライビング・ガイド（レストランやホテルの案内などがついた地図）の発行を継続し、一部のカンプサのガソリンスタンドに併設されていたセブン-イレブンを全ガソリンスタンドに広げた。また、いくつかの新サービスも導入するよう助言した。アメリカによくあるクレジットカードを使うセルフサービスのスタンドもその一つだ。

一方で、レーシングカーのスポンサーはレプソルに譲るほうがいいと勧めた。

もちろんCMでは六〇年のサービスの歴史をたどり、視聴者に長いあいだすばらしいサービスを提供してきたことを印象づけた。

価格重視のブランド

最後のブランド、ペトロノルは地域限定で、これといった特色はなかった。つまり消費者にしてみれば白紙の状態だったから、どんなリポジショニングも可能だった。

わたしたちは、価格重視のブランドにすれば将来性があると考えた。キャッチフレーズは「ペトロノル——同じ値段で、より遠くまで」だ。

このコンセプトを活かすために、人口密集地域に低価格のセルフサービスのスタンドを展開する。サービスは限定し、支払いは現金のみ。スペインではまだガソリンの価格競争がないので、ペトロノルがその先陣を切ることになるだろう。明日に備えるために、今日、何かを変えなければならないこともあるのだ。

三つの違ったブランドでそれぞれ違った顧客層をカバーすれば、多国籍企業を迎え撃つレプソルは大いに有利になるだろう。

以上がスペインのビッグな石油会社がビッグであり続けるためのプランである。

韓国財閥企業の惨事

デーウ（大宇）は韓国第二位の財閥によるコングロマリットだ。一九九九年七月に韓国史上最大の経営破綻になるところを危うく免れた。

韓国人は、デーウのモットーは「カップヌードルから衛星まで」だと冗談を言う。この非常に多岐にわたる業態が問題を理解する鍵だ。同社はテレコミュニケーション、パソコン、建設業、証券会社、造船、ホテル、エレクトロニクス、自動車などに手を広げた。子会社は全部で二五ある。

だが、この成長は最悪の成長だった。政府は金融機関に圧力をかけて、野心的に拡大する財閥への資金提供を促していた。それぞれの会社はモノづくりは学んだが、どうすれば利益を上げられるかはわかっていなかったのだ。

五〇〇億ドルの負債を抱えて事業の切り売りを始めたデーウを狙って、上空でハゲタカが旋回しているのは当然だ。拡大しすぎたこのコングロマリットには真剣なダイエットが必要だ。

21章 「犠牲」を恐れるな！

多くを望みすぎると失敗するかもしれないことを前章で説明した。それとは逆に、何かを諦めるとうまくいく可能性がある。

かつてエメリー・エアフレイトという会社があった。当時、最大の航空貨物会社で、翌日配達便、翌々日便、小型パッケージ便、大型パッケージ便とさまざまな配達サービスを提供する戦略をとっていた。「送りたいものは何でも運びます」という姿勢だ。そこにフェデラル・エクスプレスが現われた。フェデックスは他の事業を犠牲にして、小型パッケージの翌日配達だけに絞った。翌日配達で独自性を出したのだ。

勝利したのはフェデックスだった。エメリーは破綻した。

ミラー・ビールの販売量はなぜ激減したか？

ある商品カテゴリーの歴史を見ると、ブランドを増やしすぎることは成長を促すどころか邪魔になる危険もあるとわかる。

ミラー・ビールは最盛期（一九八〇年ごろ）、二つのブランドを持っていた。ハイライフとライトだ。販売量は約三五〇〇万バレル（五五六万キロリットル）に上った。同社はそこに、ジェニュイン・ドラフトというブランドを加えた。一九九〇年に、販売量は三二〇〇万バレル（五〇九万キロリットル）に落ちた。それでもめげずに、次々にブランドを増やした。バドワイザーは順調に伸びているのに、ミラーの販売量は激減した。

ほぼ二〇年の「もっと増やす」戦略の末、親会社のフィリップ・モリスが乗り出してミラーのトップを解任した（なぜ、もっと早く手を打たなかったのだろう？）

カウボーイは何を吸う？

フィリップ・モリスは「多すぎるのは逆効果」という問題をよく知っているはずだ。同じことが最重要ブランドのマルボロで起こっていたからだ。

マルボロは成長を維持するために、マルボロ・カントリーにマルボロ・ライトを導入、続いてマルボロ・ミディアム、マルボロ・メンソールを、さらにはマルボロ・ウルトラライトまで発売した。しかしその結果、マルボロ・ブランドは、記憶にある限りで初めて傾きはじめた。

本物のカウボーイはメンソールだのウルトラライトなど吸いはしない。フィリップ・モリスはバカではなかった。赤と白のパッケージのマルボロ・カントリーに回帰し、いまではメンソールだのミディアムだのは影も形もない。

「犠牲にして守る」という考え方

商品を加えれば加えるほど、最初にあった差別化のコンセプトを損なう危険が大きくなる。マルボロのように、本格的な風味が特色だったのに軽い商品まで作りはじめたら、本格派という独自性を維持できるだろうか？

ミケロブはかつて「ぜいたくな本格派ビール」として非常に成功していたが、ミケロブ・ライトやミケロブ・ドライを導入して不振に陥った。同じく本格派ビールで売っていたハイネケンは、明らかにミケロブの失敗から学んだ。ハイネケンのライトビールはアムステル・ライトという名前で売り出され、見事な差別化（「九五カロリーでも輸入ビールの味わい」）で成功している。

かつてエバレディという会社があって、バッテリーなら何でも作っていた。そこへデュラセルが現われた。デュラセルは多くの事業を犠牲にしてアルカリ電池だけに特化した。

デュラセルは「長持ちするアルカリ電池のスペシャリスト」という独自性を打ち出して成功した。デュラセルは業界リーダーではなく、失うものがなかったのも幸いした。これまでも見てきたように、業界リーダーは成長をあせって墓穴を掘りかねない。何かを諦めるよりも、次々に加えたがるのだ。失墜したブランドのほとんどは、かつてはうまく差別化していたのに、次々に新バージョンを出して失敗している。

シボレーはかつてとても優れたファミリーカーだった。いまはどうなったのだろう？（誰も知らない）

ポルシェとは?

ポルシェとは聞かれて、おおかたの人が思い浮かべるのは、リアエンジンで、空冷式、6気筒の有名な911だろう。クラシックなポルシェだ。だがポルシェは、ミッドエンジン、水冷式、8気筒でもっと高価な928の発売を決定した。

それではポルシェとは何なのか？　答えはフロント／リア、空冷／水冷、4／6／8気筒、低廉／高価な自動車。もっと言えば、わけがわからない車になった。その結果、売り上げは急落し、一九九三年には三種類のポルシェを合わせても一九八六年の911の一〇分の一に落ち込んだ。911以外のポルシェはすべて姿を消し、ほんものの911とその廉価版は売り上げを回復している。

多機能製品は危険

一つの商品により多くを兼ねさせる多機能化は、犠牲の対極にある。

コンピュータ、コミュニケーション、家電製品、娯楽産業、出版の世界では、多機能製品が増えるという予言がいつでも聞かれる。

この予言はいまに始まったことではない。一九九三年七月一八日の《ニューズデー》は特集記事で、多機能化によって以下のものはいずれ消滅するだろう、と予言した――ビデオテープ、ビデオ店、新聞、テレビ局、電話オペレーター、イエローページ、カタログ通販、大学の教科書、図書館のカード目録、ポケベル、ビデオデッキ、小切手帳、カセットプレーヤー（これらのほとんどがいまでも健在であることにお気づきだろうか。予言なんてそんなものだ）。

ごく最近の予言は、電話、ビデオ、インターネットがすべて一つのテレビに収斂するというものので、それを風刺したマンガもたくさんある。わたしたちが好きなのは、肩に担いだ大画面のソニーテレビに向かって、「もしもし」と呼びかけているマンガだ。

歴史をひもとけば、本来の機能以外の機能を兼ね備えた商品は成功しにくいことがわかる。

失敗の歴史

一九三七年にヘリコプターと飛行機を組み合わせたコンバートプレーンが現われたが、離陸せずに終わった。「空飛ぶ自動車」も、一九四五年のホール・フライング・カー、一九四七年のテイラー・エアロカーと、ともに不発に終わった。

一九六一年のアンフィカーは初めてボートと自動車を組み合わせた商品だったが、このアイデアも沈没した（人々はボートをマリーナに係留して車で帰宅すればいいと考えた）。

最近では、AT&TのEOパソコンが携帯電話とファックス、電子メール、手帳、手書き入力のパソコンを兼用していた。それから沖データのDoc-itはデスクトップ印刷とファックス、スキャナー、コピー機を兼ね備えていた。そしてアップルの携帯情報端末（PDA）ニュートン・メッセージ・パッドは、ファックスでポケベルで日程管理の手帳で手書き入力のパソコンでもあった。

どれもいまは姿を消している。より多くという路線は破綻しやすいのだ。

どうしてうまくいかないのか

複数の機能を備えた商品を作るには、別の種類の犠牲がともなう。たとえば多機能製品の設計者は、単機能の特色だったデザインを捨てて、余分な機能に合わせたあまりぱっとしないデザインを採用せざるを得ない。

すばらしい自動車ですばらしいボートでもあることが可能か？　もちろん無理だ。ほんとうにスピードの出る車が欲しいならフェラーリを買うこと。速いボートなら？　シガレット・ボートを買いなさい。

フォーミュラ1のレーシング・タイヤが同時に乗用車用の良いタイヤでもあり得るか？　もちろん無理だ（レーシング・タイヤには溝がない）。

消費者は機能ごとに最高の商品を求めるのであって、いくつもの機能を混ぜたものが欲しいのではない。ほかの機能がついているからといって肝心の特色を諦めたくもない。多機能製品が作れても、消費者が買ってくれる保証はないのだ。

非常に優れた特色が一つ、ではなく、とくにいいとは言えないがいろいろできます、という商品では、差別化は難しい。

差別化に役立つさまざまな犠牲

わたしたちは長年、差別化というゲームで求められる各種の犠牲を見てきた。

①商品の犠牲 一種類の商品に集中するほうが、あらゆる人のためにあらゆる商品を作るより、企業戦略として優れている（複数のブランドを使うなら別）。デュラセルはアルカリ電池、KFCはチキン、フット・ロッカーはアスレティック・シューズ、ホワイト・キャッスルは小型ハンバーガー、スバルは四輪駆動車、サウスウェスト航空は短距離フライト。このやり方なら、カテゴリー内で最優秀なエキスパートとして差別化できる。

②特色の犠牲 一種類の特色に集中するほうが、いくつもの特色を打ち出すよりも優れている。その特色ならこの会社（商品）、と消費者に思ってもらえるからだ。「安全な」自動車ならボルボ。「虫歯予防」の歯磨きならクレスト。「サービス」ならノードストローム。「直販」ならデル。ほんとうはほかにももっと特色があるかもしれないが、「売り」はよそに奪われたくない重

要なものにフォーカスするべきだ。

③ターゲットの犠牲　市場のある層にターゲットを絞って支持されることで差別化が図れる。ペプシは若い世代、コルベットは若者でありたい世代、コロナ・ビールは出世中のヤッピー、ポルシェは功なり名遂げたヤッピーをターゲットにしている。

次々と違う層をターゲットにすると、本来の客層を失いかねない。何をするにしても欲張らず、自社商品のタイプや特色、客層に忠実でなければならない。

犠牲にするのは「イメージ」だけ

犠牲を払うべきだと言うと、経営陣は動揺する。誰だって何かを諦めたり、限られた市場に閉じこもったりはしたくないからだ。

だがわたしたちはその後で良いニュースを告げる。何を宣伝するか、何を売るか、何で利益を上げるか――これらはそれぞれ別のことなんですよ、と。

たとえばバーガーキングだ。バーガーキングは「油で焼かない、直火焼」を宣伝すべきだ。それがマクドナルドとの違いだから。だが、訪れた客にはチキンでもフライでも売ってかまわない。誰も気にしやしない。それに、儲けはソフトドリンクの販売からあがり、こっちは宣伝の必要もない。

おわかりだろうか？　多くの場合、犠牲が必要になるのは自社や商品のイメージ、つまりメッセージであって、いったん消費者の心をつかんだら、あとは何を売ろうと自由だ。どこで儲けるかは、さらにまた別の話なのだ。

だから、犠牲によって消費者に売り込む自社や商品のイメージが限定されても、実際に販売する商品は限定されない（フェデラル・エクスプレスは翌日配達でない荷物も扱っている）。

さあ、これで気持ちが明るくなったのではないか？

22章 戦術は場所ごとに変える

グローバルに羽ばたけ、若者よ。セオドア・レビットは一九八三年に発表した論文「市場のグローバル化」で、そうアドバイスした。以来、グローバル化は国際的なビジネス戦略に欠かせない大きなテーマになった。

考え方としてはわかりやすい。はっきりと違いのある独自性をもったグローバル・ブランドをつくり、それをオハイオ州アクロンからニュージーランドのオークランドまで世界中で展開しよう。そうすれば店の棚に並んだその商品は、旅行客にも地元住民にも認知される。マーケティング・チームも一つですむから、スタッフや時間が節約できる。グローバルに通用する名前とデザインなら、開発・製造コストも下がる。どこでも同じCMを使えれば、制作費も減る（広告会社も手間が減って喜ぶ）。

しかし、これほどさんざんに、また間違って使われたコンセプトも珍しい。

ボールのあるところでプレーする

マーケティングと同じくゴルフもグローバルなゲームだ。だが、ゴルファーたちはマーケティング担当者が無視してきたことを心得ている。ボールがある場所でプレーしなくてはならない、ということだ。

標準化された商品を画一的なメッセージで全世界に売り込むというアイデアは「あくまで理論にすぎない」と、ギリシャのヘレニック・マーケティング研究所の所長は言う。商品のコンセプトは世界で通用しても、文化や法律、生産能力は国によって異なる。消費者の関心やニーズだって、どこでも同じというわけではない。

現地企業との競争も忘れてはいけない。地球の裏側に進出してみたら、あなたの企業の独自性をすでに地元企業が先取りしているかもしれない。

フィンランドのコーヒー・バトル

フィンランドでも、そういうことがあった。フィンランド人のコーヒー消費量は一人当たり年平均一六〇リットル、世界有数のコーヒー好きとして知られる。

そこでゼネラル・フーズはスウェーデンでの自社ブランド、ゲヴァリアというコーヒーでフィンランド進出を図った。ゲヴァリアはコロンビアと東アフリカ、インドネシアのコーヒー豆をブレンドしたもので、ラベルには「スウェーデン国王と王室御用達」と記されている。しかし、この世界企業の野望を、伝統ある地元ブランド、パウリグ・コーヒーが打ち砕いた。

フィンランドではコーヒーといえばパウリグだ。地元メーカーだし、味もいい。人々が集えば、そこにはパウリグがある（この国では仕事の区切れ目だけでなく、社会的な場面でもコーヒーが重要な役割を担っている）。

ヘルシンキには、世界共通のメッセージで世界標準のコーヒーを売り込む余地はなかった。国内焙煎のパウリグ・コーヒーはずっと五〇パーセント以上のシェアを占め続け、ゲヴァリアはほんのわずかの分け前を得ただけだった。

「世界共通」戦略に欠かせないもの

確かに、暮らしにもマーケティングにも世界共通の側面はある。

オイルオブオレイは、「女性はいくつになっても美しくいられる」と主張した最初の化粧品で、この主張は全世界の女性にアピールした。

会社によっては生まれた国や伝統をうまくグローバルな特色に変えることができる（ただし炎を煽る莫大な予算があれば）。リーバイ・ストラウスとディズニーは「アメリカン・ドリーム」を輸出している。シャネルとルイヴィトンは「シックなフランス」の代名詞。アルマーニは「イタリアン・スタイル」。バーバリーは「クラシックなイギリス」だ。

だが、並みのマーケティング担当者たちが「地球という一つの村」という夢を追っても、現実が立ちはだかる。

ネスレのブランド戦略

ネスレはごく初期からグローバル企業だった。一八六〇年代、薬剤師のアンリ・ネスレは子どもの死亡率の高さを案じ（そのころのスイスの幼児死亡率はいまのおおかたの新興国よりも高かった）、栄養状態を改善するために、最初のネスレ製品の一つ、子ども用シリアルを作った。

彼は二つの壮大なビジョンを描いた。一つはただちに事業を国際的に展開すること。実際同社の商品は誕生の四カ月後にはヨーロッパ五カ国で発売されていた。二つめは、自分のブランドを持つことだった。店のブランドはすでに存在したが、製造業者のブランドはネスレが世界で初めてだった。

だがそんなネスレでさえも、数年後にはグローバル・ブランドだけでは闘いに勝てないと悟った。マッキンゼーが数年前に行なった分析によると、ネスレは常に違うコースに違う馬を送り出している。現在、同社の傘下には以下のブランドがある。

●バッチ、ブイトーニ、カーネーション、キットカット、マギー、マイティ・ドッグ、ペリエなど、数十の世界的ブランド（ただしＵＳＰは国ごとに変えている）。

●アルポ、コンタディーナ、エルタ、マッキントッシュ、ヴィッテルなど、一〇〇以上の地域ブランド（グローバル化はしていない）。
●ブリガデイロ、ソリス、テキシカナなど七〇〇以上のローカル・ブランド（グローバル化などそっちのけ）。

マクドナルドも国によって違う

コレステロールいっぱいのマクドナルドのファストフードは、アメリカ生まれのアメリカらしい食べ物だ。あの金色のアーチ型のマークはグローバルを志向する同社の象徴だが、しかし実際の行動は地域に合わせて変えている。

●アメリカに次ぐ市場のドイツでは、メニューがもっと多様で（オリエンタル・バーガーなど）、ベジタリアン用のマックもある（ベジー・マックナゲット）。
●イタリアのマクドナルドにはエスプレッソのカウンターがあって、熱いエスプレッソが飲める。
●中国ではCMに子どもたちを使って、おとなにマクドナルドとは何であるかを説明している。
●だが一人当たり店舗数が多い国の一つ、オーストラリアでは、マリリン・モンローやジェームズ・ディーンなど故人になったスターをCMに使って、これぞアメリカと強調している。

一八カ国でマクドナルド・ブランドを扱う広告会社レオ・バーネットの国際アカウント・エグゼクティブはこう語っている。「食べ物のマーケティングが難しいのは、誰にでも良い食べ物に対する考え方があって、それがたいていは一人一人違うからだ。マクドナルドがアメリカらしいサンドイッチを売れば、ラテンアメリカやアジア市場の一部では人気が出るかもしれないが、ヨーロッパ人はむかっときて、食べ物文化を押し付ける帝国主義だと不平を言うだろう」

イギリスのマクドナルドのCMがアメリカらしさよりも品質に重点を置いているのは、そのせいかもしれない。

味は同じでもマーケティングは多様なハイネケン

世界第二位の大ビール会社ハイネケンは、製品の品質にこだわる。醸造所はどこでも厳密に同じレシピに従っているし、同じ製品を作っていることを確認するために、一四日ごとにサンプルをオランダの利き酒のプロに送る。さらに上海のような遠方の小さな店まで出向いて商品を買い、品質を確かめている。パッケージの色、ボトルのかたち、ラベルの線一本にいたるまで変更を許されない（わずかでも違反したらただではすまない）。

だが、このプレミアム・ビールは、味の標準化はしてもマーケティングの標準化はしていない。ハイネケンのCEOだったカレル・ヴールスティーンはいう。

「すべての文化圏で同じ方法でコミュニケーションできるはずがない。ビールは、アメリカと西ヨーロッパでは渇きを潤す飲み物で生活の一部だ。オーストラリアとニュージーランドでは非常にマッチョなイメージがある。ところが東南アジアでは〝女性っぽい〟とさえ見られる洗練された飲み物だ。だから販売や広告については相当部分を地元の経営陣に委ねている」

インド進出を狙っているなら

インドもマーケティングが標準化できない場所である。

この国に進出して、おびただしい中産階級（二億六〇〇〇万人）の一部を顧客として獲得したいと考えたとき、注意が必要なのは、この国がまだそれほど豊かではないということだ。家計の平均年間所得は八三三ドルにすぎない。この水準では、安いテレビかミシンを買えれば上等だろう。インドに進出するなら買いやすい値段にしなくてはいけない。数セントの小分けしたタバコや歯磨きを売ることだ。

たとえばリーボックは二三ドルのランニングシューズを売っている。KFCも顧客の懐にあった値段のメニューやベジタリアン・メニュー、スパイシーなメニューを用意した（この結果、売り上げは二〇〇パーセント増えた）。マクドナルドは（マトンのパテを二枚はさんだ）マハラジャ・マックを提供している。インドとアメリカの合弁企業GE－ゴドレジは、家電製品がステイタスシンボルでもあることに目をつけて、リビングに置いても映える魅力的な冷蔵庫を作って成功した。
インドで売るには、自己流ではなくインド流に行動しなくてはならない。

場所が変わればルールも変わる――

独自性が一つあれば世界じゅうで売れると考える前に、いくつか心に留めておくべきことがある。

「原点」を見直してみる　ときには古いアイデアを復活することで成功する場合もある。コークは「イッツ・ザ・リアル・シング」――オリジナルは一つだけ、ほかのコーラはコピーにすぎない、という強力なメッセージを捨てた。だがロシアではルーツを再発見し、尊重している。モスクワのCMやポスターのキャッチフレーズは「伝説を飲もう」だ。

国境を越えれば特色も変わる　前にも指摘したように、ビールの特色は地元の習慣によってマッチョから「女性っぽい」にまで変化する。同様に、個々のブランドの特色も変わり得る。メキシコではコロナ・ビールは地味で安いビールだ。メキシコシティなら六缶パックが二ドル五〇セントほどで買える。ところがアメリカでコロナといえば、春休みにヤシの木の下でライムを搾って飲む高級ビール、というイメージがある。同じ六缶パックがアトランタでは六ドルする。メキシコ人は不思議がるが、コロナはいまアメリカの輸入ビールではナンバーワンの売れ行きだ。

ヨーグルトはどうか。アメリカではヨーグルトは一般的に健康によい食べ物と思われていて、ダノンはこのイメージに乗っている。ところがフランスでは、ダノンはおいしいからつい食べてしまう食べ物だと思われている。そこでダノンは食品と健康の関係を啓蒙する健康研究所を創設した。

市場リーダーでも通用しないことがある　ネスレのネスカフェは世界で売り上げナンバーワンのブランドだ。だがインドでは、現地の人々の味覚にあわせてサンライズという特別のインスタントコーヒーを作らなくてはならなかった。このコーヒーにはチコリがブレンドされていて、インド人にはなじみの強烈な香りがする。インドではこちらのほうがネスカフェより売れている。

老舗でも通用しないことがある　ミシガン州バトルクリークに本社のあるケロッグは、シリアル・メーカーとしての伝統を誇っているが、インドでは冷たくあしらわれた。この国では朝食には熱い食べ物が好まれる。そのほうが元気が出ると信じられているからだ（インド人は食べ物が性格や気分を作ると考える）。

専門性があいまいになるかもしれない　セクシーなアメリカの映画スターが宣伝している（デミ・ムーア、リズ・テイラー、ブルック・シールズなどが褒め称える）ラックスは、アジア全域で見かける。

だが、インドネシアでラックスといえば石鹸、中国や台湾、フィリピンではシャンプー、日本では、石鹸からシャンプーまで何でも——と国によってまったく違う。これほど違っていたのでは、商品の専門性を世界に納得させるのは容易ではないだろう。

グローバル化は誰のため？

あるグローバルなデザイン会社の顧客サービス担当部長はこう語る。「同じブランディングができれば安心だが、マーケットが違えば、違うものを意味することもある。世界で同じ展開をする場合のメリットは、規模の経済でコスト節約ができるとか、ブランドの戦略を考える人も少なくてすむとか、ほとんど会社側にとってのものだ」

これがグローバル化の問題だ。場所によって人々の味覚も好みも違う。消費者は十人十色だ。どこでも差別化はできる。だがどこでも同じアイデアで差別化できるとは限らない。

23章 違いを維持するためのガイドライン

これまで見てきたように、際限なく成長を求めると「あらゆる人のためのあらゆる商品」という罠に落ちることが多い。これは差別化の終わりを意味する。

だが、同業他社との違いを維持するいくつかの大切なガイドラインを守れば、荒野に踏み込んで道に迷わなくてすむ。

創業時の独自性を大事にする

会社やブランドが生まれるとき、経営陣は商品やサービスのエッセンス、ライバルとの違いを非常に意識しているものだ。だが時がたって経営者が代わると、起業の記憶が薄れ、違いが怪しくなってくる。

そこで後の世代の経営者も違いをしっかり理解し続けるように、方策を講じなくてはならない。

経営者が交代したら戦略があいまいになった、では困るのだ。GMがそうだった。財務上の理由から、どのブランドも値段や特性が似たようなものになってしまった。

本来の独自性の記憶が薄れると、市場シェアが激減する可能性がある。

シアーズが成功した秘訣

シアーズは伝説的なデパートだが、ウォルマートやKマート、ターゲット、ホームデポ、エイムス、サーキット・シティなど多くの大型ディスカウント店の攻撃にさらされ、苦戦を強いられている。

小売業者が乱立する世界では、違いが鍵だ。しかし、どうすれば差別化できるのか？ その昔シアーズが成功したのは、ビッグブランドを確立した最初の、そして唯一のデパートだったからだ。家電のケンモア、工具のクラフツマン、乾電池のダイハード、タイヤのロードハンドラー、塗料のウェザービーター……。どれも品質保証つき、値段も手ごろのブランド品だったが、シアーズでしか買えなかった。

シアーズが同業他社と違っていたのは、これらのブランドのおかげだったことを歴史は教えている。同社の未来は、ブランド力を維持しつつ、過去と同じ路線をとるかどうかで決まるだろう。もっと新しいブランドを送り出すことだ。

何によって成功したかを思い出すことが、シアーズの差別化の鍵になる。

常識に逆らい続ける

クライスラーの社長ボブ・ラッツの著書 *Guts* のなかには、それだけで充分に本の値段に見合う一章がある。「誰もがすることはするな」という章だ。実際、人と違うためには「逆をいく」思考をしなければならない場合が多い。まさに常識的な知恵に逆らうだけのガッツが必要なのだ。

マイケル・デルという一九歳の青年が小さなコンピュータ会社を始めたとき、業界の常識では、コンピュータは店舗で売らなければならないものだった。どこの会社も、消費者がコンピュータのような高価な商品を通信販売で買うわけがないと信じていた。

だが売り場スペースでは既存の会社と競争できないことを知っていたマイケルは、その常識を覆した。そして直販を始めたデルは、たちまち一〇億ドル規模の企業に成長した。

ほとんどの会社は、業界の成功者の真似をすれば成功すると思っている。それで、すでに他社が手中に収めているビジネスを追いかけているうちに、本来の独自性がどんどんあいまいになってしまう。ペプシは「新しい世代」から「みんな」に焦点を移し、バーガーキングはマクドナルドに押さえられている小さな子どもを追いかけている。キャデラックは二度、小型のキャデラックを若い層に売り込もうと試みた。

これらの会社が気づいていないのは、「いったん逆をいったら、ずっと続けろ」ということである。

収益構造を見直してみる

逆をいくやり方としていちばん良いのは、自社のビジネスを見直すことだ。

GE90ジェット・エンジンは、かつて技術的な問題があったせいで、プラット・アンド・ホイットニーやロールスロイスに水をあけられていた。そこでGEは、ボーイングが新しい長距離飛行機777Xの開発を始めたのをきっかけに、自社のビジネスのしかたを見直した。

第一に、ボーイングを説得して、航空会社に飛行機を売るさいは機体とエンジンをパッケージにしてもらった。それまでボーイングは機体を売るだけ、エンジンは（GEか、プラット・アンド・ホイットニーか、ロールスロイスか）航空会社が決めていた。売り方を変えてもらうためにGEはフライト時間あたりのメンテナンス費用を事前に取り決め、航空会社はメンテナンス費用のリスクを負わなくてすむという独自の方法を提案した。

第二に、GEが新バージョンの飛行機の開発費用の半分をもつこととした。これによってボーイングも性能保証のリスクを減らすことができた。

その結果、ボーイングは見返りとして、新しい長距離飛行機のエンジンをGEに独占させた。収益構造を見直して一二〇〇万ドルの契約を結んだGEは、今後二〇年にわたって二〇〇億ドルの収益を見込んでいる。

一丸となって打ち出す

自社の独自性が確立できたら、次はその違いをありとあらゆる面に反映させるため、ひたすら努力しなければならない。顧客だけでなく、社員にも影響を及ぼすのだ。

たとえばメッセージ。せっかくシンプルで効果的な独自のキャッチフレーズを作り上げても、広告宣伝に使うだけで、ＰＲ関係者は違う方向を模索しようとする。販売促進担当者も自分たちなりの仕事をしたがる。株主やウォール街を相手にする部門も同様だ。各グループが別のアイデアで仕事をしたがるのは、そうすれば誰かの仕事ではなく、自分の仕事、自分の手柄になるからだ。

同じ方向を向かせられるのはＣＥＯだけである。ＣＥＯは全員が同じメッセージを中心に動くようにしなくてはならない。

バーガーキングがすべきこと

前にも書いたように、バーガーキングが年長の子ども以上の層にフォーカスするなら、ＣＥＯがフランチャイズ店に出向いてブランコを撤去させるべきだ。それから製造部門には「子ども用のメニューは作るな」と言い、販促部門には「ディズニーとのタイアップは中止」と命じる。広告宣伝部と広告会社には「子どもはマクドナルドに任せる。うちは一人前のお客さまがいらっしやるところだ。今後はあらゆる方法でこのメッセージを徹底させる」と宣言する。最後にウォール街や取締役会、株主たちに、なぜお子さま相手の商売から撤退するかを断固とした態度で説明しなくてはいけない（どれも容易なことではない。だから何年も前にわたしたちがこの路線を推奨したにもかかわらず、バーガーキングはついに採用しなかったのだろう）。

オペレーションにも一貫性を

ウェルズ・ファーゴ・バンクは伝統を活かして、サービスのスピード化に独自性を見出した。キャッチフレーズは「昔も速く、今も速い」である。

だが、この違いをしっかりと自分のものにするためには、「統括的なPR活動」だけでは充分ではない。ほんとうに迅速な応答とサービスを開発するために真剣に努力しなくてはならないはずだ。社内でも顧客のニーズに敏感な行員を育てるために、積極的な方策をとらなくてはいけないだろう。「速さ」を約束したなら、「速さ」を実現しなければならない。少しでも手抜かりがあれば、顧客はすぐに気づく。

何年も前、エイビスが「ナンバーツーだからこそ、がんばっています」と宣言したとき、社員はがんばっているところを見せなくてはならなかった。

あるいはユナイテッド航空が「フレンドリー・スカイズ」を打ち出したとき、お客がどんなに怒り狂おうとも、社員はいつも笑顔を浮かべていなくてはならなかった（このキャンペーンが中止されたのは、数時間もフライトが遅れているのに社員が笑顔でいるのは不可能だったからではないかと思う)。

こうした一貫性を維持するのもCEOの役目だ。CEOは一貫性を維持する努力のチアリーダーになる必要がある。

ちなみに、いちばんフレンドリーで楽しい航空会社はたぶんサウスウェスト航空だ。CEOのハーブ・ケレハーのおかげだ。なにしろ機上のケレハーほど愉快な人物はいないのだから。

地に足をつける勇気を

企業はときにポジションを変えなければならない。市場に変化が起こったときは、別の独自性を発揮しないと一巻の終わりだ。たとえばマイクロソフトがエクセルを開発したとき、ロータスはポジションを変更することで生き延びた。

だがこれは例外的なケースで、主流ではない。ふつうは自社や商品の独自性を維持し、さらには改善する努力を続けるべきだ。市場の変化に対応して変わるのと、場当たり的に変わるのとは別の話だ。終わりなき成長を追求していると、後者に陥ることがある。

売り上げを伸ばしたいがために商品のバリエーションを際限なく増やしていくと、商品棚は混乱するばかりで、結局は棚をもっている小売業者に実権が移る(平均的なスーパーマーケットの風邪薬の棚を考えるといい。あまりに種類が多すぎて、探しているものさえ見つからない)。

数字を大きくするために商品ラインを限りなく拡大していくと、ブランドのイメージが下がり、専門化し差別化したライバルの登場を許すことになる。ビール業界にはライト、ドラフト、ドライがあり、アイス・ビールまで現われた。この業界で最近伸びているのは地ビールだけというのも不思議ではない。

独自性を発展させる

歯磨きのクレストは、三〇年あまり前からP&Gの主要ブランドとして「虫歯予防」で売ってきた。

だが水道水にフッ化物が添加されたおかげで、一九六〇年代はじめには一人平均一五カ所もあった虫歯の穴が、一九九〇年代はじめには三つに激減し、虫歯予防という特色はパワーを失った。そして歯石コントロールや歯肉炎予防のほうが重視されるようになった。

このときクレストは違いを発展させるべきだった。言い換えれば、過去の実績に結びつける方法で違いを拡大すべきだった。「歯磨きのパイオニア」というポジションを強調しつつ、虫歯予防、歯石コントロール、歯肉炎予防の「新クレスト」を出せばよかったのだ。

だが、この戦略を実行したのはコルゲートのトータルという歯磨きで、これでコルゲートは三〇余年ぶりに首位に返り咲いた（現在、クレストはプロ－ヘルスという新しい歯磨きでカムバックを果たしている）。

市場の変化を甘く見ると……

ここからわかるのは、市場とはつねに変化するものであり、自社や商品の差別化も市場の変化に適応しなくてはならない、ということだ。

トイザらスは考えられる限りあらゆる種類のバービーやミニカーが揃っている倉庫、という独自の業態を作った。これで強力なライバルたちを破綻させ、同社の優位は確立した。

しかし、その後どうなったか。《フォーチュン》誌が報じている。

世界は変わった。現在、トイザらスは非常に厳しい競争にさらされている。ウォルマートとインターネットのせいだ。ウォルマートはポケモン、ファービー、バービー、ミニカー、つまりトイザらスが売っている玩具のほとんどをより安く売っている。トイザらスの店内を忙しげに歩き回っていたある母親はこう言った。「いつもは、ここには来ないんです。ウォルマートで買いますから」。ウォルマートになければ、eトイズやアマゾンで見つかるだろう。

残念ながらトイザらスは、いまだに過去の栄光を夢見て、古い業態にしがみついている。独自性を発展させることはなかった。ウォルマートのほうが玩具を多く売っているいま、トイザらスは《フォーチュン》誌が提案しているように、Toys“R”Us（玩具ならうち）ではなく、Toys“We re”Us（玩具ならうちだった）に改名したほうがいいかもしれない。

クリスタルの一流ブランドの発展戦略とは

クリスタルガラスのウォーターフォードは世界一有名で評価の高いブランドだ。だが価格からみて、ウォーターフォードはロールスロイスのようなブランドになる恐れがある。すばらしいが、高すぎる。グラス一つが四〇～五〇ドルでは、割れるのが怖くて手が出ない。世の中には、もっと安い（落としてもぎょっとしない）クリスタルがいくらでもある。

ではウォーターフォードはどうすればいいのか。わたしたちの提案は「ブランドを発展させる」ことだ。具体的には壊れたときに定価の半額程度で提供する「無期限取り替え保証」をつけるという戦略である。

方法は簡単だ。商品のナンバーを登録しておき、それが壊れたら、ナンバーと壊れた製品の「ウォーターフォード」マークを工場に送ってもらう。すると補充品が直接、顧客に届けられる。このやり方の要は小売店を通さないことだ。そうすれば「定価の半額」でも多少の利益が出るか、プラスマイナスゼロに押さえられるだろう。

これでウォーターフォードのクリスタル購入は「一生ものの投資」になる。

だが、ウォーターフォードは提案を受け入れる代わりに、廉価版のバイ・ウォーターフォードというブランドを加えた。

ウォーターフォードやトイザらスが教えているのは、ブランドの発展には変化が必要だが、人はなかなか変化を受け入れられないという現実だ。

「無意味な策」は厳禁

ブランドを発展させるのといじりまわすのとではまったく違う。発展させるとは、競争力を強化する、あるいは市場の重大な変化に取り組むことだ。

これに対して下手な策はたいていうわべだけ変えるとか、馬鹿げたライン拡大を実行する。あるいはただ流行に乗ろうとする。おおぜいいるマーケティング担当者の退屈しのぎの方法でもある。

シャンプーのブランド、プレルの関係者が言う。「グリーンのプレルに加えて、ブルーのプレルを発売したらどうだろう?」。この提案は、プレルといえばグリーンという消費者のイメージを無視している。プレルの違いはこの色にあるのに。

ペプシの関係者が言う。「ニューエイジはピュアが大好きだから、透明なペプシを発売したらどうだろう?　名前はクリスタル・ペプシだ」。この提案は茶色でなきゃコーラの味がしないという消費者のイメージを無視している。そもそもペプシは「いちばんおいしいコーラ」ではなかったのか?

マクドナルドの関係者が言う。「ピザが流行しているんだから、マックピザをメニューに加えよう！」。この提案はハンバーガー屋にピザのことがわかるわけがない、という消費者のイメージを無視している。マクドナルドは数十億個のハンバーガーを作っているのではなかったか？

アンホイザー・ブッシュの関係者が言う。「ドライ・ビールとアイス・ビールを商品ラインナップに加えたらどうだろう？」。この提案は、ビールはウェットなもので氷を入れて飲むものではない、という消費者のイメージを無視している。すばらしい伝統が汚れるのではないか？ おじいさんなら、そんなことをしただろうか？

差別化は、人々のイメージに反逆するのではなく、イメージに沿ってしなくてはいけない。社内の人間が「改善」だと思っても、消費者が戸惑うだけでは、せっかくの独自性が損なわれる。

24章

クチコミの正しい活用法

とつぜん誰もかれもがクチコミ・マーケティングを口にするようになった。クチコミ・マーケティング協会（WOMMA）ができ、世界のあちこちでクチコミ・マーケティングに関する会議が開かれている。ごく最近の会議には四〇〇人以上の出席者があった。

それだけではない。新しい言葉も次々に生まれている。バズ・マーケティング、バイラル・マーケティング、コミュニティ・マーケティング、草の根マーケティング、プロダクト・シーディング、インフルエンサー・マーケティング、コーズ・マーケティング、ブランド・ブロギング……。なかにはステルス・マーケティング、おとり、潜入、コメント・スパム、サイト改変などといったいただけない手法もある。

こんな具合では少々混乱しかねない。ここで、クチコミについて改めて考えてみよう。

クチコミの昔と今

クチコミ自体は新しいものではない。第三者の褒め言葉は、昔から会社や商品にとっては「聖杯」で、これによって会社や商品の信頼性はぐっと上昇する。以前は、商品をいち早く買ってくれる消費者を探したものだ。この人たちはきっと、手に入れた新商品について友人知人に吹聴してくれると思われたからだ。

そのころと現在の違いは、コミュニケーションの方法が急激に増えた点にある。顔をあわせてのおしゃべりだけでなく、デジタル・コミュニケーションが発達した。ネットでのおしゃべりは、相手のことをあまり知らないことを除けば、いろいろな意味で垣根越しのおしゃべりより勝っている。集団のコミュニケーションがこれほど簡単になると、ノイズのレベルもかつてなく上がってしまうが、ここまでは、まあいいとしよう。

悪口に止めを刺されることも

問題はここからだ。商品について、ほんとうにおしゃべりしたい人が、果たしてどれだけいるだろう？　あなたは歯磨きやトイレットペーパーについて、心から話したいと思うだろうか？　高級車のような世間的に自慢できるものについても、ほんとうはしゃべるより運転しているところを見られたい。ハーレー・ダビッドソンについてなら、言いたいのは自分もハーレー愛好家の一人になったということだけ。それ以上のおしゃべりは必要ない。

電動立ち乗り二輪車セグウェイは、かつてないほどクチコミが騒がしかった。ただしそのほとんどは否定的なものだった。「おかしなかっこうだし、歩道では危険だ」というのは、聞きたいクチコミではない。

クチコミに向いた商品でないと、逆にクチコミに止めを刺されることもある。莫大な製作費がかかった映画『キングコング』は、「長すぎる、騒がしすぎる、やりすぎ」とクチコミが否定的だったために失敗した。ポンティアックG6はオプラ・ウィンフリーの番組で無料提供されて騒がれたが、売れなかった。消費者はただでくれるならもらうが、お金を出しては買わなかった。クチコミといっても、みんなが褒めて評価して噂してくれるような商品やサービスでなければ意味がないのだ。だが、そんな商品やサービスはそう多くはない。

クチコミに関する悪いニュース

クチコミをコントロールする方法はない。だからといって、あきらめて消費者にキャンペーンを明け渡すわけにはいかない。苦労して商品の差別化戦略をたてたなら、そのメッセージをきちんと伝えたいではないか。

クチコミで商品の名前が出てくるかもしれないが、それ以上の保証はない。おおぜいの人が、ライバル会社の商品ではなくあなたの会社の商品をCMさながらに褒めちぎってくれることなど、まずありえないと思ったほうがいい。それに前もって、どんなところを褒めたらいいですか、とも聞いてはくれない。

要するに、クチコミ・マーケティングとは一つの武器、ツールにすぎない。消費者に自社の戦略や差別化のポイントを話題にしてもらう方法があれば、こんなにいいことはない。大いに助かるだろう。だが、そのまわりを広告宣伝その他でがっちりと固めなくてはいけない。メディアを買うように、クチコミを買うことはできない。別のおもしろい話題が出たとたんに、あなたの会社のことなど忘れてしまうだろう。

コロンビア大学社会学教授のダンカン・ワッツは数学モデルを使って、クチコミはじつはそれほど効果的でなく、ごく近しい人々以上に影響が広がることはほとんどないことを明らかにしている。クチコミ・マーケティングは騒がれたほど画期的なものではないのかもしれない。

勘違いのクチコミ・マーケティング

《ウォールストリート・ジャーナル》がクチコミ・マーケティングについて広告会社にインタビューした記事がある。ディアジオから発売されたスミノフ・ブランドの新商品、「ロー・ティー」(ティー・ベースの麦芽酒)をクチコミで売ろうという試みについて、的確な質問をしている。

以下はその質問と広告会社の答え、そしてその回答についてのわたしたちの意見だ。

Q　どうしてこのCMビデオはインターネットでしか見られないのですか？

A　クライアントにはあまりお金がないからです。

意見　ディアジオはリッチな会社だ。スミノフのロー・ティーがいい商品なら、どうして充分な費用をかけて消費者に知らせないのか。『売れるもマーケ、当たるもマーケ　マーケティング22の法則』であげた二二番目の法則は「リソースの法則」である。適切なリソースがなければ、どんなにすばらしいアイデアがあっても成功しない。

Q　ビデオを最初見ただけでは、スミノフのロー・ティーだとわかりませんでした。どうしてブランドや商品を隠すのですか？

A　ありふれた広告のルールに従っていたのではうまくいきません。商品を見せすぎると、消費者は拒絶反応を起こすでしょう。

意見　これは大問題だ。新しい商品を紹介しようというのに、その商品がほとんど見えず、どこの何かもわからなくて、目的を達成できるだろうか。

Q　ブランドに触れなければ、見る人たちは広告だと思わないというわけですか？

A　ただ、広告のような感じがしないということです。見て楽しめるんです。

意見　あなたがたは人々を楽しませ、おもしろがらせようとしているのか、それとも何かを売ろうとしているのか？　なぜその商品が買うに値するかを説明しないのに、好奇心だけで買う人はそう多くはないだろう。

Ｑ　スミノフという名前がぜんぜん出てきませんが、クライアントの反応は？

Ａ　気に入ってくれましたよ。広告はもはや誰かに語りかけるものではない、ということを理解してくれましたから。広告は消費者との交流なんです。もっともっと楽しくなくちゃいけない。ブランドはもはや企業だけでは成り立たない。消費者が参加し、その一部となるものなんです。

意見　これはわたしたちの前の疑問に対する答えといっていい。この広告会社はモノを売るのではなく、娯楽産業のつもりらしい。ハリウッドがマディソン・アベニューに進出してきたのか。もしそうなら、わたしたちとしてはエドワード・マローの有名な台詞、「おやすみなさい。幸運を祈ります」と言うしかない。

ツールを過信するな

もう一度繰り返すが、クチコミ・マーケティングはツールの一つにすぎない。ライバルとの競争に勝利するには結局、そのツールが活きる正しい商品、正しい戦略、正しい差別化のアイデアが必要なのだ。

『スネーク・フライト』という映画は、インターネットで積極的な宣伝活動を繰り広げた。映画がほかの娯楽産業との厳しい闘いを強いられているいま、インターネットで若いファンの関心をかきたてて映画館に足を運んでもらおうという戦略だった。

だがクチコミで期待が大いに高まった割には、観客動員数はふるわなかった。識者のなかには、いちばん楽しかったのはこの映画についてインターネット上でおしゃべりすることで、映画を見に行くことではなかった、と指摘する人たちもいた。いくらクチコミで騒がれようともくだらない映画はくだらない。

GMのポンティアックはインターネットのマーケティングに多額を費やし、新しいG5クーペを売り出した。同社は、この戦略は既存メディアを使ったマーケティングほど広範な関心をかきたてられないだろうが、ターゲットの若い層は見てくれるはずだ、と言う。ターゲットに知らせるのはいいが、それで買ってもらえるかどうかはまた別の話だ。この戦略がうまくいくかどうか、興味深い。

インターネットを使って顧客を摑むことは、既存メディアを使ってきたのと同じく理にかなっている。しかし新商品を売り出すのにインターネットだけに頼るのは疑問だ。

リサーチからわかること

重要なのは、消費者が何を楽しんでいるかをきちんと把握することだ。《アドバタイジング・エイジ》の記事には次のような実数が示されている。

テレビ　ニールセン・メディア・リサーチの総支配人兼戦略開発担当者ジャック・オーケンによると、視聴者の九三パーセントは昔ながら椅子やカウチに座ってテレビを見ているのが好きらしい。

iPod　同じ調査によれば、消費者は平均して一日四五分、iPodで音楽を聞いているが、ビデオを見るのは三〜四分ほどだとオーケンは語る。またビデオの大半は友人どうしが見せ合うもので、プロが作ったドラマやコメディではない。

ウェブ　多くの利用者はインターネットで番組の一部をつまみ食いしている、とIMMIの上級副社長アマンダ・ウェルシュは言う。つまりウェブは「バックアップ」で、「見損なったところや、もう一度見たいところ」を見るのに使われている。重要な新商品の売り出しキャンペーンをするベストな環境とはいえない。

携帯電話　しばらくは携帯電話に賭けるのは危険だろう。「(マーケターの) 多くが大当たりを狙って金を注ぎ込んでいる」とオーケンは言う。「だが、その当たりが、費やすだけの金に値するほど大きいかどうかは誰にもわかっていない」

ここでも学ぶ教訓はいつもと変わらない。ものごとは変化するが、しかしその変化は急激ではない。

ＢＭＷのインターネット動画作戦

この新しいデジタル世界でどう対応すればいいか、ＢＭＷがお手本になるだろう。これまで見てきたとおり、ＢＭＷはドライビングという特色を先取りすることで独自性を確立した。このコンセプトは一貫していて、過去三〇年余り揺らいでいない。

さらにＢＭＷは究極のプロダクト・プレースメントを実現した。映画００７シリーズの一本で、アストンマーチンに代わって新Ｚ３ＢＭＷにジェームズ・ボンドを乗せたのだ。ジェームズ・ボンドといえば、車の扱いが乱暴な究極のドライバーだ。ＢＭＷが出てくるシーンは九〇秒だけだったとはいえ、このクロス・プロモーションの効果は絶大で、Ｚ３の予約注文は目標の倍に増えた。

そしてＢＭＷはハリウッドに依頼して短篇動画を製作し、インターネットにも進出した。主演はクライブ・オーウェン、雇われたプロのドライバーがお客を苦境から救い出すというストーリーで、五話からなるシリーズだ。ＢＭＷのパフォーマンスを伝える究極の擬人化といっていい。わずか九カ月後、BMW films.com の訪問者数は二一三万人、再生回数は一〇〇〇万回に及んだ。調査によると、その半数以上はＢＭＷのオーナーか「ＢＭＷを買いたい人たち」だったという。

「誰もそれ以上にうまくはやれない」とは『００７／私を愛したスパイ』の主題歌のタイトルだが、ＢＭＷにも同じことが言えそうだ。

25章

こんなことまで差別化できる

セオドア・レビットは「なんでも差別化できる。日用品でさえも」と言った。そのとおりだ。この言葉を説明するために、私たちが手がけた、ビジネス以外のプロジェクトを三つ紹介したい。本書の初版執筆時には、まだ手をつけていなかったものも含まれている。

ドラッグ使用を減らすプロジェクト

ドラッグの使用を減らそうというキャンペーンは、アメリカ史上最も長期間続いた、そして最も成功していないものの一つだ。数年前の「とにかくノーと言おう」というキャンペーンもあまり効果をあげておらず、わたしたちはもっといい方法はないかと相談を受けた。

アメリカでは何百万人もの人たちがドラッグを使っている。そして人々の心を変えようという試みがどれほど難しいか、わたしたちは何度も繰り返し指摘してきた。ではドラッグの需要を減らすにはどうすればいいか？　その鍵はドラッグをネガティブなイメージと結びつけることにある。そのためには戦略の見直しが必要だった。

マーケティング担当者になったつもりで考えてみよう。大統領から電話があり、あなたはドラッグを減らす成果がほとんどあがっていない現在の寄せ集めプログラムに代わる、政府の新しいプロジェクトの責任者を引き受けた。

成果をあげるには路線の変更が必要なのは明らかだ。何十億ドルもの資金を投入して何年も取り締まりに努力してきた結果見えてきたのは、アメリカのドラッグ売買を減らすにはたった一つの長い道のり、すなわちドラッグの需要を減らすしかないということだった。

ドラッグの供給のほうを減らしても、価格と利益が上昇し、儲けが増えて、業者がますますリスクを冒そうとするだけだ。ドラッグの生産コストは低く、利幅は大きいから、経験からみても、ドラッグの合法化以外に、違法なドラッグ供給業者を根絶やしにする効果的な方法はない。ドラッグのディーラーを一人摘発したところで、そのあとに二人現われるだけだろう。

では、ドラッグの需要を減らすためには、どんな戦略があるのか？

薬物乱用の趨勢を調べる

わたしたちは薬物乱用の趨勢をざっと調べてみた。ビジネスでも、自社の商品やサービスだけでなくカテゴリー全体を知ることが大切だ。市場状況調査である。

ドラッグ消費の問題については、タバコが重要なヒントになる。ドラッグと同じく異物を体内に取り入れ、依存性があり、身体に悪いこともよく知られている。実際、一九九〇年にタバコが原因で死亡した人は、ドラッグが原因で死亡した人の五〇倍に上ると推測されている。

両者のいちばん大きな違いは、タバコは合法で、政府の重要な収入源になっていることだ。だから、誰もが身体に悪いと知っているが、タバコの売り上げは減ってはいても急減はしていない(アメリカでは現在、タバコで死ぬ人はドラッグで死ぬ人の四五倍)。

タバコの健康被害を教育する取り組みは、タバコ会社の広告が広めたタバコのすばらしいイメージにまだ勝てないようだ。タバコのテレビ・ラジオCMは禁止されているので、新製品を売り出す力は大きくないが、タバコのメッセージはいまもさまざまなメディアの広告を通じて発信されている。

タバコの例に学ぶとすれば、ドラッグに「かっこいい」というイメージがある限り、「身体に悪い」という教育的な取り組みをしても需要を激減させる良い戦術にはなり得ない。何億ドルものお金を使って「身体に悪い」と言っているだけの広告会社の努力にも同じことが言える。

アプローチをどう変えるか

身体に悪いと教える伝統的な「トップダウン」のアプローチはほとんど効果がないとわかった以上、戦場を変えなくてはいけない。

消費により大きな影響を与えるのは、社会的なメッセージだ。たとえば第二次大戦前には、ハリウッド映画に出てくるスターはみんなタバコを吸っていた。いまでは映画でタバコを吸うシーンは少なくなった（それでも多すぎるくらいだが）。

すると、ある可能性が見えてくる。タバコの生産者と違って、ドラッグの生産者は広告で「ドラッグはファッショナブルだ」というイメージを振り撒くことはできない。いっぽう政府は広告を使って、「ドラッグはファッショナブルどころかかっこ悪い」というイメージをどんどん強化することができる。アメリカ人がこれまでどおりに反応するとすれば、かっこ悪いとなれば需要は激減する。アメリカでは「遅れている、ダサい」商品は売れない。ここで重要な決断だ。どんなコンセプトを使えばドラッグはかっこ悪いと伝えられるか？

状況を考えれば、新しい戦略の方向は明らかだ。ドラッグにはまると一方通行の道に踏み込む。ヘビー・ユーザーは職を、友だちを、家族を、自尊心を、自由を、そして最後には命を失う。この現実からドラッグのディーラーに対する強力な武器になる言葉が浮かぶ。社会的なイメージやネガティブな特徴を通して、ドラッグを使うとどんなにひどいことになるかを知らせる言葉だ。

それは、これだ。「ドラッグをやるのは負け犬だ」

敗者を嫌う

ドラッグをやるのは負け犬だというイメージが確立すれば、需要は致命的な打撃を受けるだろう。アメリカ人は弱者なら受け入れられるが敗者は嫌う。この国の人々がいちばん褒め称えるのは、そして誰もがなりたがるのは勝者だ。

方針が定まったら、次はそれを戦略化する段階だ。誰にこのメッセージを伝えさせればいい？いちばん自然なのは元ドラッグ・ユーザーかユーザーの身内に、心を打つ悲しい物語を語ってもらうことだ。媒体は感情的でパーソナルな影響力をもつテレビがいい。ドラッグの経験を公表しているセレブやスター選手に、キャンペーンへの参加を呼びかけてもいい。たとえば元野球選手のデニー・マクレーンにどうして刑務所入りして自由を失ったかを、ジョン・ベルーシの妻にどうして夫が早死にしたかを話してもらう。

そしてすべてのCMの終わりに、語り手はカメラを見据えて言う。「ドラッグをやるのは負け犬だ」。有名無名の人たちが次々にこのメッセージを伝えれば、人々はドラッグなんかやったら、かっこいいどころか、だめになると思うようになるだろう。

そうなればドラッグの需要は減少し、ドラッグ・ビジネスは儲からなくなる。組織犯罪者たちはドラッグ・ビジネスのリスクとうまみを秤にかけて考え直すはずだ。

アメリカのイメージを回復するプロジェクト

競争の熾烈な現代社会では、国名は観光やビジネスの重要なブランドだが、アメリカというブランドに問題が起きていることは、世界を何カ所か旅してみればわかる。

数字に興味がおありなら、ピュー・リサーチに聞けばいい。アメリカのイメージは世界のどこに行っても劇的に低下していることが示されている。これは経済がグローバル化した世界では決して良いことではない。ボーイングでも、アップル・コンピュータでも、ＧＥでも、フォード・モーターでも、嫌われている国のメーカーだということは助けにはならない。人々の気持ちという面で、グローバルな競争相手が有利になる。

国務省からの電話

このことを誰よりもよく知っているのは、アメリカというブランドのセールス部隊、つまり国務省だろう。

イラク戦争の直前にわたしたちが国務省から依頼されたのは、外交官がアメリカ及びアメリカの商品を世界に売り込むマーケティング・プログラムの開発である。確かに優れたマーケティング・プログラムがぜひとも必要な状況だった。唯一アメリカを差別化するアイデアはひどいものだった。「世界の最後のスーパーパワー」。この言葉から浮かぶイメージは、「世界のいじめっ子」だ。行政や政治で飛び交う言葉にもこのイメージを強化するものが見られた。たとえば中国のメディアはよく、アメリカを「世界の警察」と形容する。

安全・自由・繁栄という戦略

もっと優れたマーケティング・コンセプトを思いつくのはそう難しくはなかった。「脅威」ではなく「恩恵」をもたらすイメージを世界に提示すればいい。ジョージ・W・ブッシュ大統領に「世界をもっと安全で、自由で、繁栄した場所にするために尽力する」と言ってもらい、アメリカは自国像を改めて新しい世界ビジョンをもった、と世界に伝えるのだ。安全と自由と繁栄は誰もが望んでいるし、わたしたちはその望みを実現する手助けができる。

この戦略が成功する理由を説明したシンプルで賢明な言葉がある。《ニューヨーク・タイムズ》のコラムニスト、トーマス・フリードマンは書いている。「あなたの成功を願っているという気持ちが伝われば、相手はこちらの批判を受け入れるだろう。だが、相手を軽蔑していると思われたら、何も聞いてはもらえない」。これを肝に銘じれば、アメリカはほんとうに変わるだろう。

政府方針も側面援助

わたしたちは外交官たちに、この「安全・自由・繁栄」というコンセプトはアメリカの政策の売り込みにも役立つと説明した。パレスチナ紛争の和平へのロードマップは「安全保障」の問題だ。アフガニスタンの再興やトルコのEU加盟支持は「繁栄」の問題だ。中東で女性の権利を、イランで若者の権利を擁護するのは「自由」の問題である。追求すべき価値があるどんな基本的な政策も、このコンセプトで支えることができる。

おもしろいことに、国務省の多くのプログラムはすでにこの方向へ向かっている。安全の面では、アメリカの対市民外交《パブリック・ディプロマシー》で紛争解決のエキスパートを採用し、南アフリカの現地の人々と協力して暴力を未然に防ぐ手法を教えている。繁栄の面では、司法が整備されていないと投資家が二の足を踏むので、これもパブリック・ディプロマシーによってチリの司法改革と透明性ある法律制度の推進を援助した。チリ経済はいま、南米諸国のなかでも群を抜く発展ぶりを示している。

この考え方には異論もあるかもしれない。どうして世界の問題に手を貸さなくてはいけないのか？　どうして世界をもっと良い場所にしなくてはいけないのか？　理由は簡単だ。世界の秩序が安定すれば安全保障や防衛にかける経費が減る。貿易を通じて所得が増え、したがって雇用も増える。言い換えれば、アメリカにとって良いことはビジネスにとって良いことなのである。

トップの人々が適切なものを売らなくてはいけない

ただしある戦略を成功させるには、その組織のトップの人々がかかわっていなくてはいけない（26章を参照）。そのことは国務省にも警告したのだが、当時、政府首脳はイラクの侵攻に気を取られて、自国のイメージ改善どころではなかった。

彼らはパブリック・ディプロマシーを増強させるのにうってつけのポジションにいる。この機能は近年、急速に衰退していた。ロシアの元外相が大事なことを指摘している。「アメリカはPR部門は必要ないと決断したビッグ・ビジネスのようだ。しかし独占企業にだってPRはいる」

わたしたちの唯一の懸念は、彼らが今後「正しいもの」を売るかどうかだ。「民主主義」は、わたしたちには響きがいいが、誰もが望んでいるとは限らない（たとえば中国で民主主義を売り込もうとすればわかる）。誰もが望んでいるのは、優れた民主主義の恩恵である安全保障、自由、繁栄だ。この三つのうちでもいちばん人気があるのは、間違いなく繁栄だろう。これは良い選択になる。テロとの闘いの究極の武器は繁栄だからだ。

民主党を差別化するプロジェクト

三つ目のプロジェクトは、民主党のナンシー・ペロシからの電話で始まった。二〇〇六年の選挙戦略への協力依頼だった。共和党政権の無能さに懸念を募らせていた一市民として、わたしたちはそれを引き受けた。

9章でも説明したように差別化には四つの段階がある。わたしたちは民主党の差別化にあたってもこの四段階を踏んだ。第一段階は競争相手を観察し、攻撃すべき弱点を探すことだ。これは簡単だった。共和党は積極的に自党の支持基盤（富裕層、白人、保守的キリスト教徒）に働きかけていた。正《ライト》しいことをする代わりに、右翼《ライト》的な政策を推し進めていた。彼らを支持する一部の層にだけ仕え、アメリカのマジョリティを犠牲にしていたと非難されても仕方がないだろう。

第二段階は差別化のアイデアを探すことだ。右翼的な政治を展開する共和党の戦略の弱点を攻撃すれば、中間層を味方にできる可能性があった。全国紙にコラムを配信しているE・J・ディオン・ジュニアは、「いまの政治で野党が取り上げるべき争点は、少数の利益を守る政府か、それとも多数の利益を守る政府か、ということだろう」と書いた。この違いを表現するなら「一部の者ではなく全員のための優れた統治」ということになる。民主主義においては誰だって無視されたくない――それがこの戦略の強みだ。人々は政府が自分たちのニーズや欲求を取り上げることを期待している。特定の利益集団に取り込まれる政府など見たくはない。

第三段階は、自分たちの主張の根拠を示し、信頼を獲得すること。民主党にはいろいろな政治課題を取り上げてきた長い歴史がある。社会保障、公民権、アファーマティブ・アクション、どれも一部ではなくすべての人々のための政治の好例だ。

第四段階はコミュニケーションである。民主党はあらゆるかたちのコミュニケーションを通じて戦略に血を通わせなくてはいけない。つまり全員のための優れた統治とは、政治姿勢としては何を意味し、立法行為としては何を意味するかを明確にすることだ。

問題は実行できるかどうかだ

ナンシー・ペロシはこの考え方を党としてできるだけかたちにする努力をした。そして予想どおり無党派層と民主党及び共和党の中間層が立ち上がり、民主党は上院と下院で多数を制した。長年の政治的無能にうんざりした市民が、もっと優れた統治というメッセージに興味をひかれたことは、世論調査でも裏づけられた。

だがマーケティングと同じで、肝心なのは戦略を実行に移すことである。これは統制をとるのがきわめて難しいワシントンでは容易なことではないだろう。ＩＢＭのルース・ガースナーがかつて言ったように、「戦略とは実行」だからだ。

そこで実行するのは誰かという問題を最終章で取り上げる。

26章 優れたトップはどこが違う？

企業のトップにある人間は、差別化戦略を生み出し、伝え、維持する責任を負わなくてはいけない。言い換えれば、CEOも自ら関与すべきなのだ。

ところが多くの経営陣は、戦略に関することはベテランのマーケティング担当者や広告会社に任せて、自分たちは取締役会対策や来年度の数字を上げることばかりを考える。

それで問題が生じる。

なぜCEOは失敗するのか？

《フォーチュン》誌で、マネジメントの権威とされるある評論家が、同誌が「失敗したCEO」と呼ぶ人たちについて記事を書いている。ここでの失敗したCEOの定義は、「追い落とされたか、会社が買収されたか、会社が混迷に陥って辞めた」CEOだ。

筆者は「無能なCEOの六つの習性」を挙げているが、そこに「戦略の悪さ」は入っていない。それどころか、多くの問題はコンセプトが間違っていたためではなく執行面がまずかったから起こったと言っている。正しい仕事に正しい人物をあてれば、あとはすべてうまくいくらしい。果たしてそうか。そうは思えない。CEOの失敗をつぶさに眺めてみると、執行以前に、そもそも戦略がまずかったケースが目立つ。例をあげよう（カッコ内の数字はCEOの在任期間）。

ロバート・アレン（AT&T／一九八八〜九七） AT&Tは業界リーダーというポジションこそが究極の差別化だというのに、このCEOは数度にわたってコンピュータへの進出を試みた。試みは失敗し、何十億ドルもが無駄になった。まずい戦略である。

ジョセフ・アントニーニ（Kマート／一九八七〜九五） アントニーニはウォルマートに価格競争を挑み、敗れた。構造的な利点もなしにウォルマートのような巨大企業に挑むのは無謀だ。アントニーニに必要だったのは、価格以外の点で消費者をKマートに引き寄せる戦略だった。だが彼にはそれがなかった。

アル・ダンラップ（サンビーム／一九九六〜九八） 業績から見て、ダンラップは優れた差別化アイデアが目の前にあってもわからないらしい。彼にできるのは著書を配ること、コストを切り下げること、そしてウォール街を幻惑することだけだった。すべて見せかけで、戦略など何もなかった。

カール・ハーン（フォルクスワーゲン／一九八二〜九二） ハーンが速くて大きくて高価なフォルクスワーゲンを売り込んでいたあいだに、アメリカ市場ではフォルクスワーゲンのシェアが急低下した。人々は小さくて経済的で信頼できる車を、つまりフォルクスワーゲン・ビートルを望んでいたのだ。それが消費者から見たフォルクスワーゲンの特色だった。だがハーンは頑なに間違った戦略を推し進めた。

アーノルド・ラングボー（ケロッグ／一九九二〜九九） ブランドが多すぎ、ベーグルやら冷凍ラザニヤなど事業の幅も広すぎ、価格がふくらみ、しかもケロッグのシリアルが最高なのはなぜかという説明は何もなかった。戦略といえるようなものではない。

ロバート・パーマー（DEC／一九九二〜九八） パーマーは、DEC唯一の生き残り策だった「最新鋭の64ビットパソコン」の差別化戦略を実行し損なった。次世代戦略を失い、DECという会社は消えた。

マイケル・クインラン（マクドナルド／一九八七〜九八） クインランは「あらゆる人のためのあらゆる商品」の罠に陥り、ハンバーガー業界のリーダーという地位を充分に活用しなかった。マックピザ、マックリーン、マック・アット・ナイト。何でもマックで、ろくに戦略などなかった。

ジョン・スカリー（アップル・コンピュータ／一九八三〜九三） アップルのOSとPCの特色である使いやすさをしっかりと押さえて最大限、活用すべきだったのに、スカリーはそうしなかった。次世代マシンの開発に後れをとり、やたらと複雑な携帯情報端末ニュートンに賭けて失敗した。

ロバート・ステンペル（GM／一九九〇～九二） ステンペルは、うまく差別化されていたブランドの価格を横並びにして、どれも同じような商品にしてしまっていた当時の戦略が間違っていることがわからなかった。たちまち彼自身もおしまいになった。

人材より戦略が先

それでは、どうすればうまくいくのか？ 《フォーチュン》誌の記事は「人が第一、戦略は第二」と言う。それどころか「戦略は勝敗の要因の半分以下でしかない」と主張する。

とんでもない勘違いだ。第一がアイデアで、それからそのアイデアを現実化する人を集めて仕組みを作る、という考え方はどうなったのか？

戦略的なアイデア――差別化のアイデアは、もちろん勝敗を決める要因の半分である。それも重要なほうの半分であることは言うまでもない。力強いアイデアがひとつもなければ、世界じゅうからやる気や能力のある人材を集めても成果は出ない。

《フォーチュン》誌のような記事が問題なのは、経営コンサルタントたちが間違った主張をするのを許してしまうからだ。さらに悪いことに、戦略は当然正しいものと人々に思わせてしまう。

ためらわず関与せよ

先に紹介したCEOたちの問題は執行面ではなく、そもそも「何をすべきで何をすべきではないか」がわかっていなかった点にある。たぶん、すばらしいプレゼンテーションをして景気のいい約束をする高給取りのマネジャーたちに騙されていたのだろう。

経営トップの多くは戦略立案プロセスにあまり関与しない。わたしたちがDECで「64ビット戦略」を提案したとき、ロバート・パーマーの姿はどこにもなかった。彼はその種の会議には出席しなかったが、顔を出したほうがよかったのではないか。CEOは何がテーブルに提示されていて、どんな選択肢があるかを理解していなくてはいけない。

大きな方向転換を打ち出すときは、それまでのビジネスのやり方と衝突することが多いので、つい新しいアイデアを育てることをためらう。ピーター・ドラッカーはこれを「昨日という祭壇で、明日のチャンスが犠牲にされる」と言った。

なぜCEOが関与すべきなのか？

会社の中間層が困った個人的な野心を抱いていることはよくある。何かを自分の手柄にして出世階段を上りたい、という気持ちが強い彼らは、何が会社にとって良いかではなく、何が自分のキャリアにとって良いかを基準にしてものごとを判断する。もっと悪いことには、キャリアを危険にさらす過ちを極力避けようとする。

わたしたちはある会社で、まもなく公表する運びになっていた次世代コンピュータ・システムの開発と矛盾する戦略を提案したことがある。会議の終わりに、一人の重役がわたしの顔を正面から見つめて言った。「二年前に言ってくれればよかったのに」(二年前、そのまずい計画が取締役会で承認されたのだ)。

彼はいま進めているのはまずい計画だと気づいた。しかしそんな大きな間違いを認めるわけにはいかないと言いたかったのだろう。彼の立場にしてみれば無理もないが、会社から見れば悲劇である。しかも競争相手は私たちが提案したのと同じ戦略をたてて、数十億ドルのビジネスを築き上げたのだから。

このとき計画を変更できたのはCEOだけだった。だが、CEOはその場にいなかった。

「責任者はわたしだ」というエゴ

もうひとつのありがちな問題は、マネジャーや広告会社の「企業エゴ」だ。社外から興味深いアイデアが提示されても、外部の人間に手柄を奪われるのを嫌がる。「責任者はわたしなんだ」と彼らは思う。「よその人間の案を採用したら、上司の評価が下がってしまうじゃないか」

もっとややこしい状況になる場合がある。外部の提案を言下に退けるのではなく、そこに自分のアイデアを付け加えようとする輩がいるときだ。自分も貢献しようというわけだが、結果として、本来とは違った生ぬるい戦略が生まれる。ケーキのレシピを変えるようなもので、見かけは同じかもしれないが味はぜんぜん違う（とくに広告会社はこの手の修正が得意だ）。

この種のエゴの問題は、プレゼンテーションの相手が組織の上層であればあるほど減る。

うまくいったロータス

ロータス・デベロップメント・コーポレーションのCEOだったジム・マンジは暗澹《あんたん》たる未来に直面していた。マイクロソフトが次世代表計算ソフトを開発し、ロータス１－２－３が非常に難しい状況に置かれたのだ。会社の存続も危ぶまれた。

マイクロソフトのエクセルには、ウィンドウズＯＳという大きな違いがあった。

このときマンジは会議に出席し、外部の人間の意見に耳を傾け、そこで提案された「グループウェア戦略」、つまりコンピュータ・ネットワークのためのソフトウェア開発を決断した。初のグループウェア・プログラム、「ノーツ」で差別化しようと考えたのだ。

その後、五年の厳しい歳月と五億ドルの費用をかけて、ジム・マンジは次の大物を手にし、未来を切り開いた。そしてＩＢＭがロータスを三五億ドルで買収し、誰もが幸せになった。正しい戦略が功を奏したのである。

偉大なＣＥＯは独自性を見出す

成功した会社を調べてみると、たいていは最高のＣＥＯが独自の戦略をたてていることがわかる。航空業界で最も成功していると言っていいサウスウェスト航空はハーブ・ケレハーが牛耳っているが、彼以上にじょうずな差別化ができる者はいない。

ＧＥほどの規模の会社を率いるジャック・ウェルチは、確かにいちいち会議に出席し、戦略立案に関与してはいられなかった。だが経営幹部のほぼ全員が平均して一二年もそれぞれの事業を進めるという稀有な状況にあり、ウェルチは彼らを当てにしていられた。

パパ・ジョンズ・ピザのジョン・シュナッターには独自の戦略があるし、マイクロソフトのビル・ゲイツでもそれは同じだろう。またマーサ・スチュワートも、法律問題でつまずくまでは、急激に拡大していた室内装飾やライフスタイルの帝国を牛耳っていた。これら若い起業家たちは自分でビジネスを築き、戦略を中間幹部に任せたりはしなかった（誰もそれを責められないだろう）。

ノキアの快進撃

一九九二年、四一歳のヨルマ・オリラは、多角経営で苦闘中のフィンランドの企業ノキアのＣＥＯに就任した。そしてコンピュータやケーブル、テレビといった事業を整理し、携帯電話に賭けた。犠牲を払えばノキアはリーダー企業になれると直感したのだ。

オリラは独自性を追求した。欧州でようやくデジタルフォンの基準が決まるころ、ノキアにはすでにテレビのような表示画面をトレードマークとする使い勝手のよい携帯電話があった。新しい差別化のアイデアがあればすぐに取り入れた。寿命の長い電話、ファッショナブルな色、そして海外市場ごとにカスタマイズされた特色だ（アジア向けには大きい呼び出し音、市場によって異なる基準、キーボードが普及しないところでは音声認識など）。

その結果、ノキアはたちまち世界の最先端をゆく携帯電話という評価を確立した（すばらしい差別化だ）。いまや同社は、名実ともに世界の携帯電話市場のリーダーである（さらにすばらしい差別化だ）。

オリラはノキアの独自性を維持し続ける努力をした。そのために、目もくらむほどのスピードで新しいモデルを次々に開発させた。高速通信を可能にした「第三世代」と呼ばれる広帯域無線技術のインフラを確立したのもオリラだ（アナログとデジタルがそれぞれ第一世代、第二世代）。

当分ノキアのリーダーシップは揺らがないだろう。オリラは正しいやり方で成功した。

敏腕編集長のマーケティング五カ条

ティナ・ブラウンほど雑誌の差別化をうまくやってのけた者はいないだろう。《ヴァニティ・フェア》にいたときにはセレブの雑誌という特色を極限まで追求した。お堅い《ニューヨーカー》ではセンセーションを巻き起こした。批評家もファンも口をそろえて、彼女は世間をあっと言わせて注目を引くことができる人物だと認めている。

だがわたしたちが注目したのは、《ウォールストリート・ジャーナル》が伝えたティナ・ブラウンのマーケティング五カ条だ。

①自分の直感を信じる。私は誰の意見にも耳を傾ける。……けれど基本は自分のセンスで、いつも最初に考えたことに立ち戻るように努力している。(彼女には自分自身の戦略がある)
②しっかりした目に見えるアイデンティティをもつ。……いろいろな人のあれこれを真似たり取り入れたりしても自分のためにはならない。(自分の商品はよそと違っていなくてはいけない)
③パーティを催す。立ち上げにはできるだけ多くの助けが必要になる。アメリカは大きな国だ。おおぜいの人と接触しなくてはいけない。(いつも人と違うことを考えよう)
④お金はクリエイティブに使う。新しい才能を発見し、商品をほかとは違ったパッケージにする。(潤沢な)予算がないなら、人と違った視点をもたなくてはいけない。(ここでも人と違うことが大事)
⑤いまある才能を違うやり方で活用する。たとえばライターなら当人がわくわくできるテー

マを探し、いままで書けなかった話題についてでも書けるという気にさせる。（ここでもさらに違いが大事）

ティナ・ブラウンは自分なりの戦略をもち、人と違うことをすべきだという強い信念で成功した女性だ。雑誌の編集者にぴったりの考え方である。彼女はすべてをよくわかっている。

一九六六年、ピーター・ドラッカーはリーダーシップをこんなふうに説明した。「効果的なリーダーシップの基盤は、組織のミッションを通じて考え、それを明確に目に見えるかたちで定義し、確立することである」

競争はさらに熾烈になっている。そこでドラッカーの言葉を現代風に、一語だけアレンジしてみよう。「効果的なリーダーシップの基盤は、組織の違いを通じて考え、それを明確に目に見えるかたちで定義し、確立することである」

ロッサー・リーブスはきっとこれに賛成してくれるだろう。

エピローグ

本書を通じて、読者もそろそろ差別化戦略の重要性について納得し、どう実行するかを理解してくださったのではないか。

最後に、経営コンサルティングの父、ピーター・ドラッカーの言葉を紹介したい。何年も前に、ドラッカーはこんなふうに書いている。

企業の目的は顧客を創造することだから、企業には二つの——ただ二つだけの——基本的な機能があることになる。すなわちマーケティングとイノベーションである。マーケティングとイノベーションが成果をもたらす。あとはすべてコストである。マーケティングは企業の特徴的かつ独自の機能なのである。

残念ながらこの助言は長いあいだ、無視されるか気づかれないできてしまった。ＣＥＯはマーケティングにほとんど時間を費やしていない。（ヒューレット・パッカードの）デイヴィッド・パッカードによる有名な言葉、「マーケティングは、マーケティング担当者に任せておくには重要すぎる」に耳を傾ける者も少ない。ほとんどはマーケティングを人任せにして、金融、組織、顧客、取締役会、製造その他、ドラッカーの言うコストにばかり目を向けている。アップルのスティーブ・ジョブズのような数少ない例外を除けば、時間をかけてマーケティングのプロセスを理解し、積極的に関与しようというＣＥＯはほとんどいない。

ドラッカーの助言に従えば、ＣＥＯは究極のＣＭＯすなわちチーフ・マーケティング・オフィサーであるべきだ。経営トップはやるべきことをやらなければいけない。効果的な差別化、つまり会社や商品の特色を明確にし、手柄を立てたがるマーケティング担当者を向こうにまわして、戦略を守り抜くのである。

ところで、わたしたちが世界のあちこちで独自性をテーマに講演すると、必ずとんでくる質問がある。「経営トップに差別化のプロセスに関与してもらうには、どうすればいいんですか？　手っ取り早い方法はありませんか？」

答えは一つ。「この本を読ませなさい」

この度はお買いあげいただき
誠に有り難うございます。
本書に関するご意見・ご感想等
お待ちしております。

弊社刊行物の最新情報などは
以下で随時お知らせしています。
ツイッター
@umitotsuki
フェイスブック
www.facebook.com/umitotsuki

独自性《どくじせい》の発見《はっけん》

2011年5月4日　初版第1刷発行
2018年11月4日　第3刷発行

著者　ジャック・トラウト
　　　スティーブ・リヴキン
訳者　吉田利子《よしだとしこ》
装幀　重原 隆
編集　深井彩美子
印刷　中央精版印刷株式会社
発行所　有限会社海と月社
〒180-0003
東京都武蔵野市吉祥寺南町2-25-14-105
電話0422-26-9031 FAX0422-26-9032
http://www.umitotsuki.co.jp

定価はカバーに表示してあります。
乱丁本・落丁本はお取り替えいたします。

ISBN978-4-903212-25-8